承袭传统文化,培育良好家风,带动清廉政风。

弘扬好家风 当好廉内助

张婧 任孟坤 ◎ 编著

人民日报出版社

图书在版编目（CIP）数据

弘扬好家风　当好廉内助 / 张婧，任孟坤编著. —
北京：人民日报出版社，2021.9
　ISBN 978-7-5115-7120-5

　Ⅰ.①弘… Ⅱ.①张… ②任… Ⅲ.①中国共产党-
廉政建设-干部教育-学习参考资料 Ⅳ.①D262.6

　中国版本图书馆CIP数据核字（2021）第172166号

书　　名：	弘扬好家风　当好廉内助
作　　者：	张　婧　任孟坤
出 版 人：	刘华新
责任编辑：	刘天一
封面设计：	陈国风
出版发行：	人民日报出版社
地　　址：	北京金台西路2号
邮政编码：	100733
发行热线：	（010）65369527　65369846　65369509　65369510
邮购热线：	（010）65369530　65363527
编辑热线：	（010）65369844
网　　址：	www.peopledailypress.com
经　　销：	新华书店
印　　刷：	北京柯蓝博泰印务有限公司
开　　本：	170mm×240mm　1/16
字　　数：	162千字
印　　张：	14.25
印　　次：	2021年10月第1版　2021年10月第1次印刷
书　　号：	ISBN 978-7-5115-7120-5
定　　价：	56.80元

前言

"一家仁，一国兴仁；一家让，一国兴让。"家风纯，则民风正，政风清；家风浊，则民风伤，政风浊。从社会结构来看，家庭不仅是社会的细胞，更是个人与国家的桥梁，其作用举足轻重，关乎国家兴旺与个人的成败。而家风是家庭状态的内核，对每个家庭的发展都有着深远的影响，进而对整个社会的发展产生作用。尤其是廉洁的家风，对促进领导干部个人成长、家庭稳固和谐、建设廉政文化及至社会发展有非常重要的作用。

对领导干部而言，优秀的家风是砥砺品行的"磨刀石"，又是抵御贪腐的无形"防火墙"。家风纯正，则家庭和顺；家风一破，污秽自来。因此，领导干部需要恪守清廉家风，父母妻儿更要当好"廉内助"，严守家风家德，不惹腐败之祸。

"家之兴替，在于礼义，不在于富贵贫贱。"普通家庭家风不正，很容易招惹祸端，而领导干部家庭家风崩毁，不仅会给家庭带来祸事，更直接损害人民和国家利益。因此，领导干部家庭要树立廉洁家风，弘扬清风正气，杜绝家属借权生财、借势欺人，否则下场只能是家破人散、前途尽毁。"积善之家，必有余庆；积不善之家，必有余殃。"只

弘扬好家风，当好廉内助

有弘扬廉洁的家风，树立清正严明的家规，才能清白做人，清廉做事。

"欲影正者端其表，欲下廉者先之身。"所谓正人先正己，正己才能正亲。领导干部希望亲朋好友廉洁，就需要自身廉洁，做家庭廉洁的榜样。反之，要做领导干部的"廉内助"，就要替家庭阻挡贪腐祸事，警惕不法之徒的"围猎"，提醒领导干部的言谈举止，做到自律自省，自觉克制贪腐心理，低调做人，严以治家。

家庭助廉，需全体家庭成员共同防御腐败之风，配偶要当好家庭的"守门员"，铸造防腐的第一道防线，严格要求自己，树立正确的消费观，不让腐败乘虚而入；子女要端正自己的人生观，不做父母身上的"攀附藤"，不给父母惹麻烦，不让父母搞特权；父母要抵挡各种诱惑，不贪小利，做到不贪为宝；手足亲朋要知法畏法，不触碰法律"红线"，做到纯洁交友，不以权交友，不以利交友。只有"后院"清廉稳定，领导干部才能真正做到公正廉明、用权于民，其事业才能走得更长远。

"察德泽之浅深，可以知门祚之久暂。"家是人生的起点也是人生的归宿，家庭的风气纯正，领导干部仕途才能光明。因此，领导干部要起到清廉持家的带头作用，树立廉明"齐家"的榜样，坚决杜绝亲属利用自己手中的权力，以权谋私、权钱交易。

"天下之本在国，国之本在家。"家风已经融入整个家庭成员的血脉中，沉淀到我们骨子里，是我们做人做事的风范，而家风又是民风、政风的根基，是社会和谐的基础。弘扬优良的家风，能让家庭永远幸福，做领导干部的"廉内助"，能让家庭成员的事业顺遂，让家庭平安稳定。

目录

第一章 强化家庭廉洁意识,传承清廉好家风 / 1

国无廉不安,家无廉不宁。一个家庭能否幸福,很大程度上取决于是否传承了清正廉明的家风,清廉家风能让家成为腐败的第一道防线,让家庭安稳幸福。因此,不断加强廉洁教育、提升廉洁意识十分必要。

1. 防腐拒变,家庭是第一道防线 / 2
2. 加强廉洁教育,不碰廉政"高压线" / 6
3. 培育廉洁意识,让廉洁成为一种习惯 / 10
4. 建设廉政文化,打造家庭"防腐剂" / 14
5. 加强沟通,将家庭建设成廉洁的"港湾" / 17

第二章 拒绝贪腐之念,弘扬淡泊好家风 / 22

贪腐一念间,荣辱两重天。贪腐能让家宅不安、事业不顺、名誉受损。既然如此,贪腐的根源是什么?根源在于纵容了贪欲,贪欲就意味着无休止的索取,贪得无厌的欲望,过分的要求。人心一旦被贪欲捕获,便极易迷失心智。克制贪腐之念，需要领导干部做到淡泊名利，不贪图虚名私利，更不因贪利而有毁淡泊家风。无论做人还是做事，都要清清白白，让淡泊之风吹进家门，让贪腐之欲无处藏身。

1. 以贪为耻，以廉为荣 / 23
2. 贪欲太强，就会在诱惑面前迷失心智 / 26
3. 少一些非分之想，多一些清心寡欲 / 31
4. 不贪虚名，平平淡淡才是真 / 35
5. 不图私利，清清白白为人 / 39
6. 少想贪利之快感，多念廉洁之家安 / 42
7. 爱惜名誉，不因一时贪念事后追悔莫及 / 45

第三章 常怀警戒之心，自觉抵制社会上的贪腐之风 / 50

心中常保警惕之心，避免被贪腐之气所毒害，这是领导干部必备的心理素质。为避免被腐败之气侵蚀，家庭成员要坚持拒绝不义之财，做到持正守廉，避免被贪腐之人所利用。同时，要做到时刻警惕贪腐之行，敢于与腐败现象做斗争，只有这样才能坚持清正廉明，坚定拒腐的信念。

1. 警钟长鸣人自清，警笛声声心不惊 / 51
2. 提防糖衣炮弹，坚定拒腐信念 / 55
3. 守小节，才能保"家廉"之大节 / 59
4. 持正守廉，坚持自身正气 / 64
5. 以正压邪，做好家庭防范 / 68
6. 严防明借暗贿的变相行贿 / 71
7. 严把家门，坚决拒绝不义之财 / 76

第四章　配偶当好"守门员",自律自省拒绝腐败进家门 / 81

人们常说:"家有良妻如国有良相。"在家庭生活中,领导干部的配偶能够做到廉洁自律,家宅才能安稳。作为家庭廉洁的"守门员",配偶应该"吾日三省吾身",从严律己,注意自己的言行,不放纵、不攀比,建立合理的消费观,避免纵容自我,使腐败乘虚而入,破坏家庭稳定。

1. 家有廉内助,祸事不上门 / 82
2. 不吹枕边"贪腐风",只吹枕边"廉洁风" / 85
3. 不搞圈子文化,不办"官夫人"派对 / 89
4. 不攀不比,养成合理的消费观 / 93
5. 吾日三省,扎牢廉洁自律"篱笆" / 97
6. 擦亮眼睛,别掉进"人情"的陷阱 / 101
7. 无功不受禄,不做"保护伞"下的"贪"内助 / 106

第五章　子女端正"廉洁观",家规家教是关键 / 110

"父母之爱子,则为之计深远。"父母要帮助子女树立廉洁意识,将家庭廉洁的思想扎根于子女心中,并要求子女做到自立自强,不在父母的"权威"下搞特殊化、特权化。反之,在家庭教育过程中,子女须学习廉洁文化,在大是大非面前不可有半点儿马虎。子女更需理解父母,遵守家规家教,做到廉洁做事、清正为人。

1. 子女需帮助父母巩固廉洁意识 / 111

2. 父母不搭"捷径",子女莫求"沾光" / 113
3. 加强家庭教育,传播廉洁文化 / 118
4. 严定廉洁家规,不让子女活在"荫庇"之下 / 122
5. 子女需自强,不要依赖父母的"权威" / 124
6. 分清是非,及时纠正子女的错误行为 / 128

第六章 父母拒腐助廉,拒绝"微腐败"毁了家庭 / 133

在家庭助廉的过程中,领导干部的父母在家庭中起到至关重要的作用。干部父母不但要提高自身的廉洁意识,更要摒弃"占小便宜"的心理,做到"不以贪小而为之"。父母要做到不以子之名,随便"拿好处""得实惠",只有拒绝"微腐败",才能抵挡住各种诱惑,避免"大贪腐"。父母是家庭廉洁中重要的一环,父母不贪"小利",家庭才能更幸福。

1. 提高廉洁意识,不以"贪"小而为之 / 134
2. 不该得的"小便宜"不要得 / 137
3. 不该收的"小礼"不要收 / 140
4. 做事低调,父母不因子女之名而得"实惠" / 144
5. 过年过节,拒绝节日腐败 / 147
6. 小贪也是腐,腐败毁一家 / 151

第七章 手足血亲不贪不占,知法畏法不越法纪"红线" / 154

国人重亲情、重血缘,讲究"手足之情""血浓于水",这就很容易形成"一人得道,鸡犬升天"的心理,然而对于廉洁之家来讲，绝对不能以"亲情"之名，做"贪贿"之事。真正的手足亲情是为彼此考虑，不给对方添麻烦，不因违法乱纪让亲情"蒙羞"。

1. 手足情深，多做助廉之事 / 155
2. 不要有"一人得道，鸡犬升天"的心理 / 158
3. 严守法纪，不做违法乱纪之事 / 161
4. 廉洁用权，手足不能搞特权 / 164
5. 敬畏法律，手足亲情不能触碰原则底线 / 167
6. 重视法规，不搞"暗箱"操作 / 171

第八章 树立正确的社交观，纯洁交友守住家庭"廉政圈" / 174

人生在社会中，必然会形成自己的社交圈。"君子与君子，以同道为朋；小人与小人，以同利为友"，可见，朋友相交，要谨遵廉洁的交友原则，不以权势而交、不以尊卑而交、不以利欲而交，做到纯洁交友，只有保证自己的朋友圈无贪腐之徒，才能避免"近墨者黑"。因此，端正交友观，净化人脉圈，这关乎领导干部是否能做到"真廉"。

1. 朋友要交，但别拿友情当谋财"令箭" / 175
2. 划分好友情与原则的界限 / 177
3. 多交"廉友"，拒交"贪友" / 182
4. 不拉帮结派，不搞"利益圈" / 185
5. 不以权力大小为交友依据 / 188
6. 礼尚往来需谨慎，操作不慎会"失身" / 191

第九章　经营清廉稳定的"大后方",才能成就幸福之家 ／ 196

廉洁能让家庭稳定,更能让家人幸福。相反,贪腐之家总是人心不稳,甚至会因贪欲使家变得支离破碎。贪贿之财不能让家和睦幸福,只会让家变得飘摇不定。故而,要加强忧患意识,不断增强家庭廉洁观念,家庭成员互相督促,构建廉洁幸福之家。

1. "后方"稳定,"前方"才能安心 ／ 197
2. 家庭助廉非一日之功,需持之以恒 ／ 201
3. 钱财带不来幸福,平安是幸福的基础 ／ 205
4. 平平淡淡才是真,清廉治家才稳定 ／ 208
5. 只有廉洁之家,才能幸福永远 ／ 212

第一章

强化家庭廉洁意识,传承清廉好家风

国无廉不安,家无廉不宁。一个家庭能否幸福,很大程度上取决于是否传承了清正廉明的家风,清廉家风能让家成为腐败的第一道防线,让家庭安稳幸福。因此,不断加强廉洁教育、提升廉洁意识十分必要。

1. 防腐拒变，家庭是第一道防线

家庭是社会的组成细胞，每个家庭都需要承担社会责任。对于家庭来讲，做好家庭建设自然对社会发展是有益的。对于领导干部来讲，家不仅是劳累时缓解疲惫的温馨港湾，更应该成为工作的坚强后盾；家庭是廉洁执政的"大后方"，也是腐败之风容易侵蚀的"围猎场"。

在家庭防腐的道路上，家庭既是第一道防线，也是最后一道防线。如果不能将家庭定义为防腐的主要部分，领导干部自然不能做到真正意义上的防腐。重视家庭在防腐过程中的地位和作用，将家庭摆在防腐工作的最前沿，这将有助于领导干部抵制腐败的侵蚀。

某市江干区城建综合开发办公室原主任乔某，因贪污受贿被判处无期徒刑，在其长达 28 页的判决书上，清清楚楚地写明了乔某不仅自己贪污受贿，还帮着家里人"捞钱"，就连他的三个情妇也借他之势做收受贿赂之事。不仅如此，乔某妻子的车是别人送的，侄女上学学费是别人交的，母亲经常收到别人孝敬的"过节费"，妹妹的养老保险有人主动缴纳，弟弟的豪车也是别人送的。乔某一家都因乔某手中的权力得到了"实惠"。毫无疑问，这是一起典型的"家庭式腐败"案例。

近年来，在相关部门打击的腐败案例中，全家腐败的现象屡见不鲜，家庭成员会因一个人的"权势"而享受"好处"。可见，家庭对防腐来讲意义非凡，当家庭中一个人出现腐败，整个家庭会被卷入腐败的旋涡。因此，以家庭为点建立起防腐线，能够保家庭平安，也是保证领导干部事业稳定的前提。

有专家根据贪腐案例中牟利形式的不同，将家族式腐败分为三种类型：第一类表现为高官丈夫在台前扮"黑脸"，妻子、儿女则在幕后肆无忌惮地收"黑钱"；第二类是贪官利用手中的权力，明目张胆地给妻子、儿女或其他家族成员开公司、接项目、搞特权，用权力为整个家族谋"私财"；第三类是贪官施惠于商人、下级，希望受惠者"照顾"自己的儿女、亲属，从而间接获得财富，或者等到自己不能掌握权力后，家人再回收利益。

✧✧✧✧✧

某管理总局原局长郑某贪污一案备受关注，他的贪污金额高达649万元。其中妻子、儿子以顾问费、股权收益为由头，收受某公司负责人李某贿赂的财物多达292万余元。李某所在公司投资了一个针头生产车间，而郑某妻子单凭借一张"借条"，就成功为儿子入股，郑某儿子每个月可以从中获取2800元的"分红"，虽然"分红"看似数额不大，但是这只是其中一次很小的贪腐行为。

✧✧✧✧✧

郑某贪污的案例就是他运用手中的权力为商人"谋福利"，而商人又"照顾"他的儿子，使其间接地获得财富。可见，家庭腐败会让整个家庭陷入深渊。在防腐的路上，应该重视家庭在防腐拒变中的地位和作用，在认清家庭的作用之后，才能够做到"全家防腐"。

对于家庭来讲，领导干部不应该被单独对待，很多贪腐的案例都可以看出，家属认为自己所享受到的一些"权力"与领导干部没有关系，甚至觉得自己贪污受贿也影响不到领导干部的清誉和仕途。当领导干部不能置身于家庭整体进行考虑的时候，他往往会因为家庭成员的腐败而变腐。

☆☆☆☆☆☆

张某回忆起贪腐的经过，他说道："在我刚为官时，我的妻子说她和我是互不影响的，别人给她的好处都是因为她善于交际。后来，我的妻子开始以各种由头'收礼'，儿子考上大学的'升学红包'、买新房的'乔迁红包'等，她说这些不会影响到我的仕途，因为她从来不求我替人办事，她认为自己拿到的好处和我没有太大关系，其实我很清楚，之所以别人会给她送礼，都是因为我手中的权力。"张某继续说道："开始的时候，我是拒绝贪腐的，前三年，虽然我的妻子贪财，我却没有染指过一笔赃款，但是逐渐地，我开始受她影响，开始帮她'还人情'，一些赃款也开始直接由我接手。"

张某在受审的过程中说了一句发人深省的话："我左手的手铐是替自己戴的，右手的手铐是替妻子戴的。"

当家庭成员中一个人被腐化，极其容易将腐败之气传染给其他人，整个家族都会陷入贪腐，家庭也会因此而蒙羞，领导干部本人也会得到应有的惩处。

重视家庭防腐的作用能够让所有家庭成员提高警惕。首先，家庭是最具核心的防腐基地，因为在下班后的十六小时里，围绕在领导干部身边最多的是家人，而家人如果做不到廉洁，势必会将领导干部拖下水。其次，领导干部在家庭生活中的活动会受到整个家庭的影响，如果家庭做到了防腐，清廉的家庭氛围会影响到领导干部，加深领导干部对清正的感悟。最后，家庭本是一个人依靠的港湾，在温暖的港湾中出现了腐化思想，势必会影响到整个家庭的价值观，这样一来，家庭中每个人都可能会被腐化思想侵蚀，家庭也会全面沦陷。

要建立家庭防腐拒变的屏障，就要明白手中的权力并不属于自己，也不属于自己的家庭，更不能任由家庭成员随意使用。领导干部要明白自己手中的权力是党和人民赋予的，当家属肆无忌惮地用党和人民赋予的权力去谋取私利时，就已经背弃了党和人民的信任。因此权力不能私用，这并不是简单说说而已。

一个人只有思想过硬才能做到百毒不侵，一个家庭只有全家人守住底线，才能经得起考验。家属作为领导干部身边最亲密的人，应该不断提升自己的世界观、人生观、价值观，不断提高自己的廉洁意识，提高拒腐防变的"免疫力"，成为领导干部的廉内助，不做毁家败坏家风的"贪内助"。

2. 加强廉洁教育，不碰廉政"高压线"

家庭作为一个人生活的主要场所，它不仅能让人感觉到归属感，也是最为温柔的场所，因此，廉洁原则很容易在家庭中被打破。只有在家庭中宣传廉洁知识，组织家庭成员加强廉洁教育，才能不去触碰廉政"高压线"，避免家庭成为腐败的"温床"。

家庭在廉政建设中具有不可替代的重要作用，教育、引导家庭成员自觉预防和抵制腐败，其关乎家庭中每个成员的安宁。

☆━━━☆━━━☆━━━☆━━━☆━━━☆

某镇为了进一步严明廉洁纪律，传承廉洁家风，举办了一次家庭助廉活动。在这次活动现场，领导干部家属进行廉洁知识学习，之后，家庭成员还在《家庭助力廉洁承诺书》上郑重地签了字。虽然这只是一次看似普通的家庭助廉学习活动，但对领导干部家属的思想觉悟提高是有一定帮助的。此活动被当地媒体争相报道，其积极意义还是值得肯定的。

☆━━━☆━━━☆━━━☆━━━☆━━━☆

在现实生活中，我们的思想觉悟高低受教育水平的高低、个人素质高低的影响，少数家属不能透彻地领悟党和国家的政策，对"反腐倡廉"没有全面认知，对腐败的后果也没有清醒认识。介于这种情况，在家庭中多宣传廉洁知识，要求家属多学习廉洁文化，多了解国家政策方针，对提高家属反腐倡廉意识是十分有利的。

☆―――☆―――☆―――☆―――☆

不论企业还是机关单位，廉洁知识的普及都是至关重要的。在某矿业公司，纪委会定期到领导干部家里走访，并进行廉政宣传，向领导干部的家属宣传和讲解《中国共产党纪律处分条例》《中国共产党党员领导干部廉洁从政若干准则》《廉洁风险防范体系手册》等，不仅让领导干部坚持廉政纪律和集团公司的廉洁从业规章制度，还要求家属学习廉洁知识，提升家属对廉洁从业的常规认知，让家属当好"廉内助"。

公司纪委坚持"红灯亮在越轨前"的原则，在平时，矿纪委还会充分利用手机、互联网等渠道，向全矿中级干部及以上职位的人员发送廉洁短信、廉洁邮件等，为领导干部的电脑安装"廉正屏保"，为领导干部的家属发放廉洁台历等，希望用这种方式来提升领导干部及家属的廉洁意识，让领导干部的家属时刻把好"廉洁家门"。

☆―――☆―――☆―――☆―――☆

在对家庭成员进行思想教育的同时，要增强家庭成员的反腐倡廉意识，让家庭成员的世界观、人生观、价值观相互影响，达到相互督促、相互提醒的作用。可想而知，如果领导干部自身的道德水平不高、对廉洁的认知不够，自然就无法给予家人更多的正面影响。每一位家庭成员都要加强对"廉洁"的认知，不能单纯地停留在"廉洁"的字面意思，而是应该深刻了解廉洁的作用与内核，树立廉洁为荣、腐败为耻的思想观念。

张某坐在沙发上发呆，心里想的还是早上发生的一幕：丈夫李某某被检察机关人员带走了，丈夫没有挣扎和反抗，而是显得很淡然。

张某心里很清楚，这一天终究是到来了，李某某曾经多次向她描述这样的情景，她都没有放在心上，一直想的是："我又没有拿别人多少钱，谁会发现呢？"或许正是这种侥幸心理，让张某更加肆无忌惮。每次有人拎着礼品来家里拜访，张某都很热情，客人走后，她习惯性地打开礼品盒，里面总有意想不到的"收获"。

在张某的心里，丈夫李某某就是一个小小的科员，他既不能帮别人办什么大事儿，也没有什么高权，别人送来的"礼品"根本谈不上是贿赂，她一直认为这是别人出于礼貌，自己收别人的礼品也是对别人的一种尊重。

一次，丈夫李某某看到她放在储藏室的名酒名烟，便对张某说："这些值不少钱，你怎么敢收别人这么贵重的东西？"

张某泰然自若地说道："不就是几瓶酒，几盒烟吗？这能值多少钱，再说现在去别人家串门还要拿礼物，更不用说想要找别人办事了。"

"你怎么这么傻？别人拿一瓶酒、一盒烟我就要给别人办事情，知不知道这就是贪污腐败？"丈夫李某某生气地说道。

"你真是迂腐，现在谁家里不收几瓶好酒，谁家里没几条好烟。"张某认为丈夫胆小怕事，也觉得他过于迂腐，说完还不忘劝说丈夫，"这是我收的，也不是你收的，连累不到你。"

平日丈夫规劝自己的话，张某从来没有记在心里，她甚至不认为自己的这种行为是一种腐败行为，渐渐地，她开始公开"拿好处"。最终，事情还是暴露了，李某某以贪污罪被抓捕，张某不清楚自己是否也会受到惩罚，但是现在的她深知自己犯错太大，后悔莫及。

☆　　☆　　☆　　☆　　☆

家属要懂"廉"、知"廉"，积极发挥"廉内助"作用，关心国家政策方针，关心领导干部的思想状态，起到监督其廉洁从政的作用。作为领导干部，更应该经常对家属进行廉洁思想的灌输，让家庭成员沐浴在廉洁家风之下。

☆　　☆　　☆　　☆　　☆

某海洋渔业公司原总经理孙某因受贿被捕，在其被抓捕的前一年孙某还被评选为全国劳模，他也曾多次拒贿，究竟是什么打开了他腐败的窗口呢？

原来他的妻子陈某暗地里收受贿赂多达40笔。开始，孙某对妻子的行为十分不满，要求妻子将钱退还给对方，妻子却说道："不用怕，要坐牢我去坐。"妻子根本没将孙某的话放在心上，几次下来，孙某对妻子收取他人钱财的事情也呈默许的态度，最终的结果是夫妻共同犯罪，双双被捕入狱。

☆　　☆　　☆　　☆　　☆

可想而知，如果孙某的妻子学习了廉洁知识，对于自己该做或不该做的事情、能做和坚决不能做的事情，做到了心中有数，她也不至于会被金钱所诱。所以，不断改造自己的世界观、人生观和价值观，帮助领导干部遵守各项廉洁规定，让整个家庭充满廉正之气，才是家属应该做的事情。

　　对于廉洁知识的学习，首先，在家庭中要坚持经常性地深入学习党的政策理论，将理论与实际相结合，将正面案例与反面案例相结合，建立以贪为耻的荣辱观；其次，在家庭中学习《中国共产党党员领导干部廉洁从政若干准则》，了解家庭助廉行为规范，做到严以律己、自省自查，才能避免掉进贪腐的"陷阱"；最后，在家庭中开展党规法纪的学习，做到自我监督、自我警醒，避免做出有悖党纪国法之事，触碰廉政"高压线"。

　　家属学习了廉洁知识，明白了该做什么、不该做什么、能做什么、不能做什么，才能确保家庭幸福安宁，领导干部也才能在台前"挺直腰杆"，不受制于人，不被人民唾弃，家庭也才能更加和谐。

3. 培育廉洁意识，让廉洁成为一种习惯

　　古人说："律己以廉，抚民以仁，存心以公，莅事以勤。"廉洁的话题从未被认为过时，切实做到廉洁自律，坚守道德底线，避免因为权力做出腐败行为。这个道理谁都明白，然而真正能够做到廉洁奉公、不贪私利的人实乃不多。近年来，腐败案例频发，这少不了侥幸心理和贪欲在作祟，不是一个制度就能够保证天下廉洁。对于家庭而言，家庭成员养成廉洁的习惯是抵御一切贪腐行为的关键。

廉洁习惯的养成并非一朝一夕的事情，需要坚定信念，提高对廉洁的认知，从点滴做起。近年来，一些家庭腐败案例中，大都是从吃别人一顿饭、收别人一件礼开始的，他们总认为这是人之常情，进而便形成了贪图私利、权钱交易的习惯。习惯能够决定一个人的命运，一旦贪腐成为习惯，家属便会为了金钱做出违背清廉之事；一旦廉洁成为习惯，家庭就能筑牢防腐之堤，从而筑起思想上的"防火墙"，做到"心不动于微利之诱，目不眩于五色之惑"。

在家庭生活中，家庭成员具备廉洁意识，这对每个家庭成员的成长都是有帮助的。即便家属没有身居公职，但是可以通过廉洁意识的建立，在各行各业中发挥廉洁带头作用。

落马的官员妻子谢某在接受记者采访时说道："钱对我来说已经没什么用了，现在住的、吃的、穿的、戴的都已经很好了，但别人送钱给我、送卡给我，我会习惯性地收下。"正是收钱的习惯导致她的贪心泛滥，而她的丈夫也从官位上摔落下来，也正是这种习惯让她走上了贪腐的不归路。

仔细剖析落马官员贪腐行为，尤其是一些高官，在他们贪腐之后，往往有一个将贪腐作为习惯的"贪内助"。"贪内助"从小贪小腐开始，慢慢地形成习惯，进而肆无忌惮地大幅收受贿赂，最终导致廉洁思想的防线被彻底击垮。

"习惯"在每个人的生活和事业方面都表现出强大的力量。廉洁的习惯不是与生俱来的，而是一点一滴养成的。众所周知，习惯可以决定一个人的命运，廉洁的习惯一旦形成，我们就不会为了权力和金钱做出

弘扬好家风，当好廉内助

腐败之事，也不会被利益所诱，让腐败有可乘之机。

在灯红酒绿的当今社会，很多人普遍存在一种浮躁的心态，这种心态极易使人丢掉廉洁的习惯。相反，在物欲面前，将追名逐利变成了习惯，这就导致急功近利的现象不断发生。在家庭生活中，要保持廉洁的传统，加强廉洁意识的建立，将"帮人办事，收人钱财"的思想彻底抛弃，不因私欲而淡化法律界限、忘记党纪条规。

著名心理学家威廉·詹姆士曾经说过："思想决定行为，行为决定习惯。"那么，家庭成员要养成廉洁的习惯，就要先学着把握思想先导，让家庭成员了解廉洁的价值和意义，并清楚地意识到廉洁并非是一件难事，时刻保持廉洁意识，让廉洁成为一种习惯。

廉洁是领导干部家属鲜为人知的特征之一，也是一个人品行的"试金石"，那么，如何增强家庭的廉洁意识，养成廉洁的习惯呢？

第一，要强化宗旨意识。时刻牢记全心全意为人民服务的宗旨，并将这一宗旨深化到家庭教育中，让每个家庭成员都建立宗旨意识。

第二，要强化自觉接受监督意识。家属既要自觉地接受人民的监督，更要去监督领导干部的行为，要将监督看作是一种约束、一种负责，即对人民负责、对家庭负责。

第三，强化风险意识。家庭成员要意识到权力是一把双刃剑，既可以使人高尚，也可以让人堕落。在社会不断发展的今天，权力的运行必须更多地被置于阳光和监督之下，领导干部及家属已然成为被诱惑的目标和被"攻击"的靶子，家庭如果不能强化风险意识，抗拒腐败的风险，最终会滑向腐败的深渊。

☆ ········ ☆ ········ ☆ ········ ☆ ········ ☆ ········ ☆

张某某曾是一位领导干部的司机，虽然只是一名司机，但是很多人都清楚，他的"权力"很大，因为受到领导的信任，

第一章 强化家庭廉洁意识,传承清廉好家风

不管领导去哪儿、做什么事,他都一清二楚,也正因为如此,一些腐败分子为了打听到"内部信息",不惜一切代价,给张某某送"礼包",办"消费卡",而张某某的妻子都一一代收,最终,经查处张某某妻子收受贿赂金额达到31万元。为什么一名司机的家属就能有如此多的"钱路"?原来张某某的妻子给他制定了一条不成文的"规定",即"信息就是金钱",只要是关于领导的信息,妻子都帮他明码标价,比如,想要知道领导为什么生气,领导参加了什么会议,这些都是要收费的。在张某某被问为什么要贪钱时,他说道:"我和妻子都不认为这是贪污,认为这就是一种交易,可以说我们贪财,但是我不觉得这和廉洁、贪腐有什么关系。"

☆　☆　☆　☆　☆

张某某与妻子的这种行为恰好说明了廉洁意识淡薄,他们根本不认为自己的"贪财"是腐败。对于一名普通的领导司机家属来讲,尚且有贪污的风险,更何况领导干部的家属。可见加强家庭的廉洁意识是至关重要的,让家庭成员意识到廉洁的重要性,拒绝被腐化的同时,也要将廉洁当成一种习惯,从小事做起,不贪小便宜、不贪小礼物、不收小卡片,从生活中的小事做起,不吃、喝、拿、要,让廉洁贯彻到家庭每一个成员的内心,让习惯形成于无形中。从而让家庭充满廉洁之气,成就更加幸福的家庭。

廉洁,是一种社会价值取向。不仅是领导干部党性修养的体现,更是家属个人道德修养的体现,是每个人修身、行事的基本准则,更是整个社会的价值追求。一旦廉洁成为一种习惯,腐败之风便不容易被"吹"进家门。

4. 建设廉政文化，打造家庭"防腐剂"

从家庭的定义上可以看出它是以婚姻和血缘为纽带的，而要建设家庭廉政文化，就需要对廉政的知识、规范、价值观等与之相适应的行为方式、社会评价进行学习。家庭廉政文化建设不仅仅指家规家训建设，还需要在家庭思想道德建设上下功夫。建设家庭廉政文化，有助于提高家庭成员反腐倡廉的自觉性和主动性，增强家庭成员防腐拒变的免疫力，成为家庭廉洁的最有效"防腐剂"。

家庭廉政文化的建设需要一定的载体，顾名思义，家庭廉政文化需要围绕家庭及家庭成员展开，其廉政文化建设的形式是多种多样的，最为常用的建设形式则是丰富多彩的廉政活动，活动主题多是围绕"廉洁在我家""廉洁持家"等内容展开。在进行家庭廉洁活动的同时，不忘学习爱国主义、集体主义，从而树立正确的价值观、人生观和世界观。

在家庭廉政文化建设过程中，要与家庭各种文体活动相融合。比如，可以紧扣家庭廉洁主题，开展各种富有特色的文化活动，寓廉政教育和道德教育于丰富多彩的活动之中。以家庭成员的情感交流为纽带，开展多种形式的沟通活动，从而提升家庭成员的思想建设和对廉洁的领悟能力。

第一章 强化家庭廉洁意识,传承清廉好家风

2018年年底,老徐刚刚升任某县县委书记,小学五年级的儿子徐天天在作文中写道:"虽然爸爸很严厉,我也挨过打,但父亲是个奖罚分明的人,在节假日也会带我去旅游。有的时候我觉得爸爸很'死板',但是他说既然当官了在原则性问题上就要'死板'一些。""你经常教育我不要贪拿别人的东西、不要收别人的礼品,现如今,你升官了,你可别当贪官啊。"

老徐看完儿子的作文之后,心中阵阵欣慰,在他看来儿子的"别当贪官"就是对自己最好的鞭策。

家庭廉政文化建设不仅关乎家庭成员的廉洁行为,更能促进家庭成员守住道德底线。子曰:"其身正,不令而行;其身不正,虽令不从。"孔子说行得正、坐得端,命令才会被执行,如果自身行不正、坐不端,命令便不会被执行。正是老徐的思想"正"才能被儿子接受,儿子才愿意去听从父亲的"号令",反之,儿子对老徐的清廉为政也起到了很好的监督作用。可见,加强家庭廉政文化建设至关重要,具体可从以下几点着手。

第一,整合多方资源,形成强大的合力。

从家庭廉政文化的特点来看,家庭廉政文化建设不是一朝一夕所能完成的事情,家庭廉政文化建设是一项长远而复杂的工程,不是哪个人或者哪个部门自己的事情。因此,各级各部门都应该提高家庭廉政文化建设的关注度,并加强对家庭廉政文化建设的领导,不仅如此,要将家庭廉政文化建设作为廉政建设的重要组成部分,将其纳入党的宣传工作中进行全面推进。在进行思想文化宣传时,要将家庭廉政文化与思想道德、精神文明建设相结合,统筹建设,形成整体的文化合力,从而加大

家庭廉洁的影响力和效果。

第二，组织协调机制，为廉政建设提供保障。

除了充分发挥纪检监察机关的组织协调作用之外，更要大力开展家庭"廉洁"活动，通过大张旗鼓地宣传助廉先进典型事例，赠送廉政刊物、举办专题报告会和座谈会、开展助廉倡议活动等形式，引导广大家庭成员了解廉政法规，思考为官之责；读名人典型，思修身之德；读反面教材，思贪欲之害，最终使家庭廉政教育变得常态化、制度化。

第三，组织各种倡廉活动，推进廉政文化进家门。

随着社会发展要求，为了顺应新形势下反腐倡廉工作，应该多动员全体社会积极参加家庭助廉活动，将家庭廉政文化与"学习型家庭""平安家庭""清正之家"等特色家庭创建活动相结合，引导家庭成员以德治家、文明立家，努力营造廉洁文明、积极向上的家庭文化氛围。不仅如此，要使得广大群众在潜移默化中接受教育和熏陶，充分利用媒体和互联网的强大传播能力，大力做好家庭廉政文化宣传工作，通过一系列的倡廉活动让党风廉政建设深入人心。

第四，立足家庭实际，增强家庭助廉教育的实效。

进行家庭廉政文化建设最为关键的是调动家庭成员的积极性，严把家门。因此，要立足家庭实际，开展主题鲜明、内容丰富的活动。与此同时，要根据家庭的实际情况，在家中进行廉政文化普及。

文化是人的观念、意识、精神层面的东西，也是行为模式的体现。思想观念决定并影响人们的意识，意识会强化人们的责任，通过责任来规范行为，行为会养成习惯，习惯表现出素质，素质决定了命运。一个家庭里有良好的廉政氛围，每一个家庭成员都有良好的廉政意识，那么，这个家庭的所有成员都会保持廉洁，抗御腐败。所以建设家庭廉政文化也是非常重要的拒腐措施。家庭廉政文化建设必须根据它自身所包含的特点和内容有针对性地开展工作。

在家庭廉政文化建设过程中,领导干部必然起着非常重要的带头作用,只有全家上下合力,互帮互爱、相互促进,才能让家庭充满清正之气,才能将腐败之气拒之门外,家庭才能变得幸福美满。

5. 加强沟通,将家庭建设成廉洁的"港湾"

沟通是人与人之间、人与群体之间思想与感情的传递和反馈的过程,以求思想达成一致和感情的通畅。沟通的过程是人与人情感互相感染的过程,是人们思想的交流过程。家庭成员之间要加强沟通,传达彼此的情感与思想,通过沟通可以扩大廉洁意识在家庭中的影响力,深化廉洁意识在家庭中的作用。不仅是家庭成员之间需要加强沟通,人与人之间都需要加强沟通。

☆　　☆　　☆　　☆　　☆

孔子和众弟子周游至某小国,当时遍地饥荒,即便孔子身上有银子,也买不到任何食物。走了一会儿,到了另一个国家,此时众人已经饥肠辘辘,他们发现有市集可以买到食物。弟子颜回让孔子与其他人休息,自告奋勇地忍饥做饭。

颜回买来米,在大锅中开始蒸米饭,饭香飘出,这时饥饿难耐的孔子想要去厨房看看米饭是否已经蒸熟。不料孔子走到厨房门口时,恰巧看到颜回掀起锅的盖子,伸手抓起一团饭塞到了嘴里。

孔子见到此景,不仅惊恐,还十分生气,因为自己一直最疼爱的弟子竟然偷饭吃。孔子懊恼地回到大堂,沉着脸生闷气。没过多久,颜回双手捧着一碗米饭来孝敬恩师。

孔子生气地说道:"天地容忍你我存活在这人世间,所以这饭要先用来祭拜天地。"颜回听后说道:"不可以,因为这饭已经被我吃过了。"这下孔子可逮到了机会,板着脸对颜回说道:"你为何没有祭拜天地,也没有孝敬恩师,自己就偷吃米饭?"颜回笑了笑说道:"是这样的,我刚才掀开盖子,想要看看米饭熟了没有,正巧房梁上有老鼠窜过,落到米饭上一点尘土,我怕坏了整锅米饭,便抓起那团米饭,又舍不得扔掉,便塞到了自己嘴里。"

听了颜回的话,孔子方大悟。可想而知,如果孔子和颜回没有这么深入地沟通,孔子可能会一直误认为颜回是一个"不敬师恩""自私自利"的"狂徒"。可见,在生活中,人与人之间的沟通是多么重要。

从近年来的腐败案例中可以清楚地看出,部分官员被腐化是因为家庭建设不清廉,家庭成员不廉洁,家庭成员之间缺乏必要的沟通,才导致领导干部腐化落马。因此,家庭成员要通过积极沟通构建家庭的"护廉网",将家庭廉洁建设成为一道坚固的防线,勇于阻挡腐败之气扰乱家庭正常生活。

第一章 强化家庭廉洁意识，传承清廉好家风

✦ ☆ ✦ ☆ ✦ ☆ ✦ ☆ ✦ ☆ ✦

某县煤炭局原党总支书记郝某因多项罪证被判处有期徒刑20年。其爱人于某为民政局原副局长也因犯逃税罪等罪被判刑13年。夫妻二人被"双规"后，冻结资产超过1.2亿元，其在北京购置房产多达35套，折合价款共计1.6亿元。

✦ ☆ ✦ ☆ ✦ ☆ ✦ ☆ ✦ ☆ ✦

这是一起典型的"家庭腐败"案例，在整个家庭中，腐败之气横行，缺乏在家庭生活中进行廉洁文化的沟通，夫妻根本没有建立起廉洁的意识，而是将家庭建成了腐败的"温床"，最终的结局只能是夫妻双双落马，家庭陷入万劫不复的深渊。

家庭成员之间关系的维护，除了借助血缘之外，更多的还是借助感情的力量，将感情作为枢纽，连接着整个家庭成员之间的心。因此，进行家庭廉政建设需要家庭成员之间多沟通，只有沟通到位，才能将彼此的心连接到一起。如果家庭成员之间缺少必要的沟通，各思各想，自然家庭成员之间就会出现隔阂，做事忽略家庭规则，这对家庭廉政建设是十分不利的。

沟通，不仅是局限于口头上的交谈，更多的是了解彼此的行为规范、习惯准则、原则定位等。作为家庭中的一员，应该时刻了解家庭其他成员的心理变化和行为动向，只有这样才能做到相互监督，共同促廉。

家庭成员要充满廉正之气，传播廉政文化，了解领导干部的心中所想，心中所忧。对于家庭成员来讲，加强沟通，可以在无形中提高彼此的防御力和抵制腐败的能力。首先，在家庭沟通过程中，家庭成员要相互多吹"廉政风"，多宣扬党的纪律和政策；其次，家庭成员要多提醒领导干部，不要做出有损清廉之事，更要在思想上坚定领导干部的信

念，不让腐败思想钻空子；最后，领导干部要多向家人讲典型，用榜样的作用来激励家庭成员多向廉明之人靠拢，用反面教材警醒家人，避免家庭成员被歪风邪气所腐蚀。

孟子有云，"天下之本在国，国之本在家"。家庭之事说大可大，说小可小。家庭作为社会的细胞，只有保证细胞健康，才能让"整体"抵挡"病毒"的侵袭。因此，增强细胞的免疫力，让家庭呈现健康的发展态势，不仅关乎社会的健康，也关乎社会的发展。

家庭是身体的栖息地，更是心灵的温柔乡。家庭既影响着每个成员的行为，更影响每个人的思想。无论是行为还是思想，都需要通过相互沟通来达到一致，尤其要坚持崇高的信仰，更需要通过相互沟通，提升家庭成员的思想觉悟，从而提升抗击腐化的决心与斗志。

✦ ☆ ✦ ☆ ✦ ☆ ✦

呼和浩特市委原书记牛玉儒同志的事迹传遍了全国，还被拍摄成了电视剧。他的品德和行为令人感动，尤其是他的清正廉洁的品质被当作典型在全国进行学习。

提到牛玉儒的清正廉明，一定离不开其家庭成员的支持。牛玉儒的父亲是一位老党员，他在看了京剧《铡包勉》后，心有感触，急忙给牛玉儒写了一封信："我们家世世代代都是农民，只有你当了领导，你一定要清廉，像包公一样，堂堂正正！"

在父亲的教导和影响下，牛玉儒坚定了廉洁的信念，多年来，牛玉儒替老百姓办了很多实事，但亲戚却说他"六亲不认"。老父亲听说亲戚不理解儿子，便在电话中劝道："玉儒，亲戚越骂你，老百姓就会越信任你……"

除了父亲，牛玉儒的5个兄妹从来没有因为他是"大官"

而搞特权,一次妹夫下岗无工作,妹妹打电话给牛玉儒,牛玉儒直接说:"这事三哥我不能管,下岗是个普遍问题,你们要自己多想想办法,给别人带个头。"

不少老家的亲戚朋友听说牛玉儒当了"大官",便去找他办事,他总是婉言拒绝,然后让妻子好好招待老乡们,还会给他们带上路费,送他们上车回家。

牛玉儒是一位优秀的共产党员,他的事迹被全国人民知晓,并当作廉洁的楷模在全国进行宣传学习。不得不说他的廉正离不开家人的支持,离不开父亲妻儿的清正廉明。

所谓"家廉则人廉,家贪则人贪",正缘于此,领导干部才应该多与家人进行沟通,向家人多传输一些清正的思想,让家人更加理解和支持自己。家庭是拒腐防变的重要关口,也是廉洁从政至关重要的防线。只有家庭成员做到了廉洁,领导干部才能真正做到"廉政"。所以,家属一定要清楚家庭防腐的意义和作用,增强防腐意识,深化廉洁作风,传承廉洁家风,将家庭铸造成一座廉洁的"港湾",真正地保护家庭幸福。

沟通时要讲究方法和技巧。领导干部家属要切记说教式或批评式的沟通,要采取潜移默化式的引导,让领导干部明白平安幸福家庭的珍贵,珍惜拥有的一切。平时多关心配偶的生活,了解配偶的思想,过问配偶的开支,参与配偶的社交圈活动,时时为配偶"吹廉风""把廉脉""念廉经""敲廉钟",当好廉政建设的"宣传员""守门员""监督员",帮助配偶守好后院,为配偶廉洁从政创造良好的家庭环境。

第二章

拒绝贪腐之念，弘扬淡泊好家风

贪腐一念间，荣辱两重天。贪腐能让家宅不安、事业不顺、名誉受损。既然如此，贪腐的根源是什么？根源在于纵容了贪欲，贪欲就意味着无休止的索取，贪得无厌的欲望，过分的要求。人心一旦被贪欲捕获，便极易迷失心智。克制贪腐之念，需要领导干部做到淡泊名利，不贪图虚名私利，更不因贪利而有毁淡泊家风。无论做人还是做事，都要清清白白，让淡泊之风吹进家门，让贪腐之欲无处藏身。

1. 以贪为耻，以廉为荣

廉洁可谓是中华民族五千年历史中宝贵的思想财富，是萦绕在中华民族历史上的一缕清香，也是中华民族五千年的传统美德。廉与贪看似距离遥远，但是如果不加以重视，廉与贪就在一念间。家庭应该做到清正廉明，树立正确的荣辱观，只有这样才能不被贪欲所害，不被贪心所毁，铸就廉洁之家。

包拯是历史上有名的清流代表。他自幼立志要为国家出力。包拯的一生清廉俭朴，从来不讲究排场，而最令人敬佩的还是他的职权为公，不避权贵，无论是谁违反法纪一经查实一律绳之以法，为人民群众办实事，包拯生前与死后深为百姓爱戴，是历史上典型的清官之一。

英国大文学家萧伯纳说过："自我控制是最强者的本能。"为什么人难以管控自己，道理很简单，是因为人都有欲望。欲望并非是一个贬义词，人具有欲望不一定是一件坏事，但是人最难得的是能够管控自己的欲望。当一个人的欲望能够顺应局势的变化或者能顺应大局的时候，

弘扬好家风，当好廉内助

他的欲望便可以称为"合理"，此时的欲望也可以让一个人充满动力和斗志。相反，如果一个人的欲望脱离了现状，欲望过大，不切合实际，甚至超出了法律法规的约束，欲望就会变成贪欲。家庭的欲望一旦变成了贪欲，就极易变成腐败的典型。因此，家庭成员要确立正确的价值观和廉政观，做到以贪为耻辱，以廉为光荣。不仅如此，家庭成员要树立正确的荣辱观，端正世界观、人生观、价值观，不贪图眼前私利，不因虚名做出有损家庭稳定的事情。

在当今社会，廉政文化是一种新的文化现象，它不仅吸收了古今优秀的文化成果，深刻总结了我们党今后反腐倡廉的经验，涵盖了各种廉政法规法纪，是我们党以党为公、执政为民的执政理念在文化形态上的反映。廉政文化是社会主义荣辱观的一部分，更是建设社会主义先进文化的重要组成部分。因此，家庭坚持"以贪为耻，以廉为荣"的价值观，提升自我的思想觉悟显得尤为重要。

个别领导干部的家属出现思想上的腐败，主要是因为其没有坚持廉政的基本原则，思想反腐建设出现了松弛。因此，家庭成员应该树立正确的世界观、人生观、价值观，不断提高执政能力和执政水平，增强拒腐防变和抵御风险的能力。

☆ ☆ ☆ ☆ ☆

某市委原书记曾某亮因受贿罪被判无期徒刑，在其收受贿赂的3000多万中，有一多半都是其儿子曾某光"代收"的，父子二人在同日被查，并双双入狱。

父子同贪，两代入狱？这种悲剧为何会发生？

曾某亮回忆说："我几次被'围猎'而浑然不觉。"在2006年的时候，商人高某通过儿子曾某光的介绍，联系到曾某亮，并向他表达了想要在地产开发项目上谋求一些帮助。因

第二章 拒绝贪腐之念，弘扬淡泊好家风

为出于儿子的介绍，曾某亮并没有意识到事情的严重性，再加上当时正是他仕途得意之时，毕竟当时的他身兼数职。曾某亮没有思虑太多，他利用职务之便帮助高某谋得利益。同时，他也获得了一定的"好处"。

这仅仅是刚刚开始，紧接着，高某及儿子曾某光等人商议，以湖南某公司的名义参与重庆某公司投资的人造水库土地整治项目，并从中获得不法收益。

2011年，曾某光想要购买房产，恰巧这件事情被高某知晓，高某以自己公司开发的别墅可以打折优惠为由头，以低于市场价一百多万的"优惠"，卖给了曾某光。

在接受调查的时候，曾某光表示："他们为什么要巧立名目让我赚钱？无非是为了感谢我父亲的关照，或者办理相关土地业务有求于我父亲。借各种由头让我赚钱，这就是变相向我父亲行贿。"

曾某光原本是一名普通警察，后来一步步坐上了派出所所长的位置，但曾某亮认为儿子在派出所工作，很辛苦，便让他"下海经商"，最终导致曾某光走向了违纪违法的深渊。

"我后悔和深深忏悔的一件事，就是我带着儿子一起贪腐给他带来了深深的伤害……"面对调查，曾某亮这样说道。

与亲属共同贪腐而被查处的案例还有很多，归根到底主要是没有建立起以"贪"为耻的思想，没有建立起家庭的荣辱观，更没有意识到贪腐的后果是多么严重。

所谓"一贪毁三代"，家属应该十分清楚，贪腐不仅仅会给家庭带来伤害，还会对整个家族，甚至对子孙后代产生不利的影响。古往今

来，没有一个贪官能够逃过法律的制裁，同样遭殃的是其后代。所以我们在做事之前，一定要深思熟虑，避免因为一时的"贪"，毁了一家人的幸福，更不要让子孙后代生活在污名下。

随着我国经济的高速发展，反腐倡廉已成为党风建设的重中之重。在新形势、新任务下，领导干部面临新的挑战，这就意味着家庭廉政建设必然成为党员干部廉政建设的重要部分。

俗话说，一失足成千古恨。如果真正品尝了其中的滋味，届时后悔也就晚了。所以，树立正确的荣辱观，以贪污腐化为最大耻辱，以清正廉明为荣。在家庭生活中，时刻宣传廉洁清正的荣辱观，家人要建立起正确的荣辱观，增强反腐倡廉教育的针对性和有效性，树立清正淡泊家风，构建健康幸福的家庭。

2. 贪欲太强，就会在诱惑面前迷失心智

欲望，是人的本性，或者说是生物的本性。因为生命本身是具有目的性的。植物要开花结果并繁衍生息，这是它们的目的；动物要生存发展延续种群，这是它们的目的；人除了这些低级的目的，还要追求更美好、更幸福、更快乐的生活，更大的自我实现目标，这是人的目的。这种目的性，就是欲望。

欲望是推动人类进步的原始动力。正是因为欲望的存在、欲望的驱

使，才推动了人类文明的发展、人类社会的进步。但欲望一旦超过正常的度，就会变成"贪欲"。贪欲，是要不该要之物、想不该想之事、并要了还想要、有了还要有的一种欲念。它本身也是一种欲望，不过比一般的欲望更猛烈，更放纵，更不加控制。欲望一旦和"贪心"连在了一起，就注定不可能有美好的结局。

有一个关于千足虫的传说，说造物主在创造千足虫的时候，根本没有给千足虫造脚，它可以像蛇一样，依靠身体的蠕动，爬行得很快。

有一天，千足虫在外休息，看到梅花鹿、山羊、兔子等动物都长了脚，并且跑得很快，于是，它心里很不平衡，心想：它们有那么多脚，当然跑得比我快，如果我长了很多脚，肯定跑得会更快。

于是，千足虫向造物主祈求，希望能给自己很多脚。造物主问它："那你要几只脚呢？"千足虫说："越多越好。"造物主一挥手造出好多的脚，对它说："那你随便挑吧。"千足虫开心极了，把所有的脚都往自己身上安，可是自己身体太短了，根本安不了那么多脚。于是，它便开始蜕皮生长，让自己长得越来越长，经过几次蜕皮后，它的身体达到了15节。于是，它可以将所有的脚安在自己身上了。然而，等它开始奔跑时，才发现因为脚太多，脚与脚之间相互牵绊，它根本跑不快。

千足虫后悔极了，伤心地去求造物主收回这些脚，可是已经晚了。

弘扬好家风，当好廉内助

　　有时候，想要的太多，获得的反而更少。如果不懂得放弃一些东西，什么都想要，什么都多多益善，放纵心中的贪念，就只会像这只千足虫一样。不懂得知足，不懂得控制自己的欲望，任由欲望疯长，不仅抵挡不了诱惑，还会千方百计地去为了满足欲望钻营奔波，最终的结果，只会被欲望束缚，被贪心所累，得不偿失。

　　贪欲也是滋生腐败的温床，是让人滑向罪恶深渊的诱饵。所谓"贪字头上一把刀"，放纵贪欲的结果，大多是害家害己。

　　贪欲一旦充斥于大脑，超出了人的自制力，就会变成邪恶的魔咒和疯狂的行为，权欲、钱欲、财欲、物欲、色欲都奔涌而来，无休无止，无涯无际，成为把人引向腐败的魔鬼。

　　　　曾任国家能源局领导的魏某被查时，纪检人员在其家中发现上亿现金，执法人员从银行调来16台点钞机清点了几天才点完，点钞机都烧坏了4台。而他曾经幸福的家庭也因为他的贪腐而妻离子散。

　　贪欲就像决堤的洪水，任由贪欲一泻千里，最终只会被贪欲淹没。当今社会五彩缤纷，充满着各种各样的诱惑，不收住贪心和私欲，放纵自我，就必然会被反噬，吞下恶果，惹来灾祸。

　　老子说："罪莫大于可欲，祸莫大于不知足，咎莫大于欲得。故知足之足，常足矣。"认为人最大的祸事莫过于"不知足"。但从人性的角度来说，人恰恰正是欲望无止境、最不容易知足的类型。清人胡澹庵写过一首《不知足》的打油诗，把这种不知足描写得淋漓尽致：

第二章 拒绝贪腐之念，弘扬淡泊好家风

逐日奔忙只为饥，才得有食思为衣。
置下绫罗身上穿，抬头又嫌房屋低。
盖下高楼并大厦，床前缺少美貌妻。
娇妻美妾都娶下，又虑门前没马骑。
将钱买下高头马，马前马后少跟随。
家人招下十数个，有钱没势被人欺。
一铨铨以知县位，又说官小势位卑。
一攀攀到阁老位，每日思想要登基。
一日面南坐天下，又想神仙下象棋。
洞宾与他把棋下，又问哪有上天梯。
上天梯子未做下，阎王发牌鬼来催。
若非此人大限到，上到天梯还嫌低！

可见人的欲望真的无穷无尽，永远没有满足的时候。只要与"贪"沾上，欲望就会像无底洞，永远填不满，所谓"欲壑难填"是也。不管得到多少，最终还是不满足，还是想要更多。所以要保持廉洁的品格，锻造清廉的家风，克制贪欲，是重中之重。因为家庭是抑制腐败的土壤，也是滋生腐败的温床，良好的家风能为廉洁奉公提供精神支撑，引人向上，能让为官者守住纪律规矩、筑牢道德底线。可如果一个家庭贪字当头、贪欲无尽，家风腐败，只会让家庭腐败，给家庭带来灾难。

曾任西南某县县委书记的郭某，原本有一个幸福的家庭，妻子身为人民教师，儿子聪明帅气，他自己的事业也呈上升

期，在当地干得风生水起。但随着郭某职位的升迁，其妻"飞上枝头变凤凰"，开始私心膨胀、为所欲为起来。

在当地，提起郭太太李某，那是无人不知的响当当的"大姐大"。自从郭某升任县委书记后，她一改以往人民教师的端庄形象，不仅抽烟、喝酒、打牌样样在行，而且飞扬跋扈，根本不讲规则。在一次机关干部运动会上，因为对裁判的判罚不满，她就"身先士卒"率领本单位职工与对方发生激烈冲突，影响恶劣。

郭某升迁后，李某嫌教师工作辛苦又没有"油水"，要求郭某把她调到县矿产品规费征收所任所长一职，主要负责矿产品准运证办理和企业规费减免等事项，能直接扼住各采矿企业生存之咽喉。为了获得这些利益，当地的企业老板纷纷向其"进贡"。

个体矿产老板于某为了减免吨位差所形成的规费欠账，给她送现金10万元；某冶炼厂总经理吕某为了解决吨位差问题，送给她20万元。之后，他们的规费欠账得到免除，并顺利办理了新的矿产品准运证。

李某不仅在自己的岗位上大搞权钱交易，更是一时也不忘还有郭某这棵"大树"，当仁不让地当起了郭某的"贪内助"。一位房地产老板想求郭书记批一块地，有意送给郭某一套城中心高档小区的房子。李某很高兴地跟着房地产老板去挑房、购房、办理一应手续，还大大方方收了对方30万元的装修费。

有这样贪婪的"内助"，郭某即便想要清白也不可能，最终不仅李某自己身败名裂，还葬送了丈夫的前程和整个家庭的幸福。

身为领导干部的家属，本应当成为领导干部最坚强的后盾，为领导干部把紧"后院门"，守好"大后方"，时时刻刻提醒、监督和保护家庭的廉洁，营造清廉干净的好家风，让领导干部可以心无旁骛地安心工作，不为家庭所累，不被欲望控制，做一个让人放心的"廉内助"，家庭才会越来越幸福。

可像李某这样贪心不足，私心不满，一心想着贪、占、拿的"内助"，在欲望和贪心面前迷失心智、失去理智的家属，又怎么可能守住家庭的廉洁、保持家庭的幸福呢？

天下最大的祸患莫过于不知足，最大的罪过莫过于贪得无厌。一个美好和谐的家庭，如果不懂得知足，不懂得珍惜现有的一切，一味去追逐不应该要的东西，怎么可能抵挡得了滚滚红尘中的万千诱惑？

贪欲太强，什么都想要，就抵挡不了欲望的诱惑，抗拒不了金钱的收买。就会失去心智，丢掉本心，把家庭拖入欲望的深渊，让家庭被贪欲压垮，导致家破家败的结局。这是领导干部和家属最需要警惕的问题。

3. 少一些非分之想，多一些清心寡欲

贪欲对于家庭而言，是十分可怕的。要想家运昌隆、家庭幸福，克制贪欲就十分重要。因而，领导干部要引导全家克制贪心，淡化欲求，

少一些非分之想，多一些清心寡欲。

"非分之想"指不是自己分内的、名下的，便不要去妄想占为己有，人不要企图占有本不属于自己的东西，更不能贪图额外的好处。对于家属来讲，不能有非分之想，要多一些淡泊之心。

要做家庭的"廉内助"，就需要认清当官和发财是两条道，当官就不要想着发财，想要发财就别选择当官。选择从政就不能在从政中发财，选择发财就要通过合法手段获取财富。家庭只能有合法的收入，不能倚仗掌权者手中的权势攫取非法所得，更不能纵容亲朋好友贪图非法钱财。

任何事情的发展都是一个由小到大的过程，贪腐也是如此，由于放松了警觉，先是思想上多了一些非分之想，进而将"非分"当作了"应当应分"，最终开始做出有损清廉家风之事，整个家庭也陷入了腐败的"沼泽"无法自拔。

家属要做反腐倡廉的坚强后盾，就要监督领导干部，使其铭记一切的权力和位置都是党和人民给予的，要在岗位上兢兢业业地履行职责，真正干出成绩来。家属绝对不能去琢磨怎样谋私利，更不能纵容领导干部有非分之想，在幕后伸出"黑手"。一个家庭之所以能够和谐稳定，不是因为财富有多，而是因为全家人心无杂念，没有做任何对不起国家和人民的事情。

☆──────☆──────☆──────☆

某市城区公安分局巡警大队原大队长关某，被判处有期徒刑15年。身为公安人员，应该很清楚自己的职责是什么，但是他却自己先做起了违法之事，利用自己手中的权力开始行过分之举。

从1999年开始，关某开始与他人开设赌场，为了牟取更多不义之财，他通过向参赌人员抽头、向欠债赌徒讨债、向赌徒放高利贷等方式获得巨额非法利润。不仅如此，关氏兄弟还开办了多家娱乐场所，这些娱乐场所成了洗黑钱的窝点，这些娱乐场所还长期容留卖淫嫖娼及吸食毒品人员。此外，关氏兄弟还染指煤炭行业。关某等人已经不仅仅是牟取不义之财的团伙，他们还制造了打砸石化公司事件，造成多人轻伤以及60多万元的财产损失。

法网恢恢疏而不漏，经查证关某等人犯法案件共46起，冻结资金2.594亿元；查封多地房产达27处，价值1亿多元，各种奢侈品更是多不胜数。

✩　✩　✩　✩　✩

作为一名执法人员，关某可谓是"知法犯法"，究竟是什么让这么一个"小官"成为"巨腐"的呢？在关某的贪腐过程中，肯定少不了家属亲眷的支持和包庇，家属也成了他行不法之事的"帮凶"。

家庭不是一个人的家，是所有家庭成员共同维护的家。在家庭中，如果无法克制家庭成员的贪腐之欲，无法摒弃一些非分之想，培育宁静淡泊的生活态度和淡泊家风，整个家将无法抵御贪腐的诱惑，更不能创建廉洁家庭。

那么，作为领导干部家属，如何才能做到清心寡欲、淡化欲望呢？

一要懂得知足，因为不知足就会无穷索取，就会永无止境，就会放纵欲望，滋长贪欲，最终被贪欲所毁。知足，并不是说不思进取、安于现状，也不是讲以穷为乐，安贫乐道。知足是能够看淡名利，珍视自己拥有的，少想自己没有的，不奢求自己达不到的，不攀比不虚荣不嫉妒，安于本分，追求俭朴，就会对自己的生活状态满意得多。

二要减少自己和家庭的物质欲望。孟子有一句话叫"养心莫善于寡欲"。他还说："其为人也寡欲，虽不存焉者，寡矣；其为人也多欲，虽有存焉者，寡矣。"欲望越多，特别是物质的欲望越多，必然会在心里产生更多的焦虑、忧心和不安，快乐和安宁只会越来越少。人要生存，必须有物质作为基础，但物质的索取必须有一个度。物质可以无限制地增加，但我们真正需要的不过只有很少的一点点。家有万贯，别人每餐吃一碗，我们需要吃十碗吗？有一百套房，晚上也不过只躺一张床。太多的物质欲望只会让自己陷入贪心的深渊，无力自拔。

三要提升精神境界，摆脱世俗眼光。淡泊家风的建设，不仅需要生活态度的滋养，更需要精神境界的助推。领导家属能跳出欲望的控制，摆脱世俗的观念，不把钱财利、权势地位作为个人成功和家庭幸福的标志，而把公正、清廉、奉献，作为家庭至高理念，不与他人比权位，也不与别的家庭比财富，带来的是家庭的和谐、心灵的平静。这样一来，家属才能在保持自我的淡泊之外，做好领导干部的"监督员"，常敲廉政钟，常念廉政经，提醒他们以党纪国法约束自己的言行，爱惜自己的工作，珍惜家庭的幸福，努力做到淡泊名利、抗住诱惑，廉洁从政，勤政为民，防止他们误入歧途，从而筑牢反腐倡廉的家庭防线，营造廉洁自律的家庭氛围。

☆⋯⋯⋯☆⋯⋯⋯☆⋯⋯⋯☆⋯⋯⋯☆

在某贪官被捕后，他说了这样一段话："在为官之初，我决心当一名好官，起码自己不当贪官，我也曾看不起那些贪官腐官。后来我发现身边的朋友都有房产、名车、名表，家人也抱怨说'当官手里有权但没钱，还不如不当官，看别人的官当得多舒服''看别人家有车有房，咱家孩子上个学都要租房子，你就不能多为家人考虑考虑吗'，逐渐地我内心也开始对钱产生了向往，对贪腐产生了欲望。终于有一天，一个做生意的朋友找到我，让我帮点'小忙'，我知道这样做是违法乱纪的，但是对方给的'劳务费'让我彻底忘记了自己是一名党员干部。之后这样的'劳务费'多了起来，我有了名车、名表。可我又开始想要房产，后来我有了一套房产，我又开始想要更多大城市的房产，就这样我被自己的贪心一步步逼进了监狱，现在家也没了，什么都没有了。"

想必很多贪官在为政之处，都决心要做一名勤政爱民的好官，在手中的权力越来越大，接触的达官显贵越来越多之后，他们忘记了自己的初心，忘记了个人对党对国家的誓言，放弃了个人为政之本，成了一个自己曾经讨厌的贪官。而在这些官员思想腐化的过程中，能看到家庭对其思想的影响，往往一名官员出现贪腐，多是家庭成员思想中出现了非分之想。可见，要想保证掌权者手中的权力不被"剥夺"，家庭成员要懂贪欲之害，懂"贪心不足蛇吞象"的道理，避免因为贪心，害了整个家庭，同时也害了自己。

4. 不贪虚名，平平淡淡才是真

虚名，也就是空虚的名称，其没有实际内容与实际意义，甚至与实际内容不相符。《吕氏春秋·审应》："兼爱天下，不可以虚名为也，必有其实。"在家庭生活中，家庭成员需要做到不慕虚荣，不务虚功，不图虚名。

曾经风靡一时的一首歌曲唱道："曾经在反反复复中追问，才知道平平淡淡、从从容容才是真……"实践证明，领导干部与家属的人生观和价值观取向决定其是否能成为廉政之家，要成为"廉内助"就不要去贪图一些虚名，虚名带不来家庭和睦，更换不来亲人的平安。

✧--------✧--------✧--------✧--------✧--------✧

老吴是市城乡建委主任，他的妻子小吕在路边开杂货小店，很多人劝老吴给妻子安排一个正式工作，老吴只是笑而不语。妻子小吕说自己来自农村，最大的愿望就是进单位工作，因为户口对她很重要。本以为丈夫会很容易帮自己解决，没想到丈夫把指标都让给了别人。不仅如此，老吴一家还住在十多年前自己造的农民房里，生活也比较艰苦，但是小吕并没有不满足，因为她最大的安慰就是丈夫在外平平安安，工作负责，对家庭负责，这让她很开心，也很安心，这就是她想要的"幸福"。

✧--------✧--------✧--------✧--------✧--------✧

人有对名声和名誉的向往，这一点也没有错。而贪图虚名是虚荣心与功利心在作祟，作为"廉内助"不应追求华而不实的虚名，更没有必要为了虚名让家庭成员担风险。当一个人贪图虚名时，必然会凌空蹈虚，多半是要栽跟头的，正所谓"图虚名，招实祸"。作为领导干部的坚强后盾，应该避免虚名带来的灾祸，保全全家的安定。要做领导干部的"廉内助"，不招虚名，就要做到以下两点。

第一，不慕虚名，帮助领导干部摆正权力观。

为政者贪慕虚荣，放任虚荣心肆意滋生，终会难以谋大业、成大事，甚者还可能因为权力观的扭曲滑向违纪违法的深渊。"廉内助"更要明白虚名之害，摆正权力观，要知道为政者权力来之于民，需要用之于民，而非服务于家，家庭成员不可有自己特殊的利益和权力。无论任何时候，无论任何情形下，为政者都应将人民赋予的权力用于为民谋利，而家庭成员必须要牢记这一点，不要因虚名而动摇领导干部"用权于民"的决心，更不可为虚名而谋私权。

第二，不图虚名，帮助领导干部摆正事业观。

领导干部为党和人民做事，是一份沉甸甸的责任，而不是轻飘飘的浮名，作为家属更应该领悟到这一点。在家庭中要摒弃虚名的诱惑，摆正事业观，时刻警惕糖衣炮弹对家庭的"袭击"。只有"后院"不图虚名，领导干部才能在岗位上多做暖人心、得人心的实事，才能赢得老百姓的夸赞和信任，成就淡泊清廉之家，家庭也才会更幸福、更安稳。

身为我国航天事业奠基人的钱学森，曾经给自己制定了七条治学与处事原则：不题词、不写序、不参加任何科技成果评审会和鉴定会、不出席"应景"活动、不兼荣誉性职务、上年纪后不去外地开会、不上任何名人录。通过这七条处事原则，深切地诠释了"事业重如山，名利淡如水"的含义。

在当今物欲横流的社会，需要钱老的这种不图虚名的精神。在现实生活中，也有很多作秀、取宠、讨巧换来的虚名，但结局往往都是"笑柄"。作为领导干部应该拿出功成不必在我的精神境界、功成必定有我的历史担当，而作为领导干部的"廉内助"，更应该懂淡泊治家的重要性，不要因虚名而做出有损家庭和睦之事，更不要因为贪恋虚名而做出有损名节之事。

"虚与实之分，祸与福之纽也。"一个人过分地贪图虚名，往往会被虚名所累。从政人员需要保持务实精神，作为领导干部的家属更应该落到实处，不应图虚名而让家族背上贪腐的恶名。

✧———✧———✧———✧———✧

古时，楚霸王项羽以"富贵不归故乡，如衣锦夜行"为理由，拒绝了谋士提议定都关中、成就霸业的良策，最终由于贪图虚名，落得四面楚歌、自刎乌江的结局。如果他没有心怀那份不实的虚名，或许就不会有之后的"刘邦称霸"。

✧———✧———✧———✧———✧

观古而思今，不知多少贪官污吏在沦陷囹圄之前，都因虚名假义而累及家人和亲眷。反之，不知多少家属被虚荣心所操纵，失去理智，导致家风不正，断送掌权者的前途。要当好"廉内助"，就需要树立正确的权力观和事业观，不被虚名所蒙蔽，不被贪腐所侵蚀。

虚名假义都只是过眼云烟，换不来家庭的长久幸福，更不会让家庭变得稳定。作为领导干部的"廉内助"，要明白平淡度日才是真幸福，浮夸的虚名只会让内心变得浮躁，从而丧失了平平安安生活的信念，陷入追名逐利的浮夸生活，这是造成家庭不稳的关键，更会影响到整个家族的命运。当我们看清了虚名背后的真相，不过是虚荣心和攀比心在作祟时，才会甘于眼下平淡真切的生活，重视家庭的和睦，做到淡泊之风传家，让家更幸福、更稳定。

诗人何塞·马蒂曾有言："虚荣的人注视着自己的名字，光荣的人注视着祖国的事业。"纵观贪图虚名之人，他们注定跳不出"小我"的拘囿，虚荣心作祟的时候，他们的内心总是不平与妒忌的。恰恰相反，淡泊名利、求真务实的人能够拥有宏阔的人生、完美的家庭。在如何对待虚名的问题上，领导干部应当学习革命前辈不图虚名、不务虚功的作风，树立正确的政绩观、事业观、价值观，做到脚踏实地，求真务实，只有这样才能避免做出有违党章法纪的事情，而作为领导干部的家属，更应该学会看淡虚名、不恋虚荣，享受平平淡淡的生活，体会真真切切的幸福。

5. 不图私利，清清白白为人

私利，指的便是私人的利益。人活在世都希望占有更多的资源，从而让自身及家族更加富有，这点看似是没有错处的。但是对于领导干部来讲，要明白自己手中的权力来自国家和人民。所谓公权只能姓公，这也就意味着领导干部用公权坚决不能谋私利。对于领导家属来讲，权力不属于一人之家，而属于千万人之家，明确这一点之后，便明白借权谋私利是多么可耻。在权力面前，公是公、私是私，做到清清白白做人，堂堂正正做事。

廉洁是做人的底线，是家属务实做事的基础。领导干部始终要做到清清白白坚守廉洁清正的底线，不做违反党纪国法之事，时时刻刻怀着如临深渊、如履薄冰的心态干事情，只有这样才能对得起国家的重托与人民的信任。而作为领导家属，不能因为一己私欲而拖其后腿，更不因一己私利而做出贪污受贿之事。清清白白做人是做人的底线，要守住底线，才能让生活更加顺利。

✦ ✦ ✦ ✦ ✦ ✦

在东汉时，杨震在赴任途中经过昌邑时，当地的县令来拜访他，并带了十斤的金子作为礼物，想要赠予杨震。杨震用责备的语气说道："故人知君，君不知故人，何也。"县令不明白他的意思，解释说天黑了，没有人知道这件事情。杨震却不这样认为，他说："天知，神知，你知，我知，何谓无知。"这个时候县令才明白，原来杨震是在责备自己，他惭愧地走了。

南宋大臣张浚为官清廉，刚正不阿，他向来与奸相秦桧不和，因此，多次被秦桧陷害，在被贬往湖南之前，他带了几箱书随行。有人便在高宗面前诬告他，说他与乱党有关联，结果高宗听信了诬告之词，便命人去搜查张浚的行李箱，无奈发现了箱子里全是书信和一些破旧的衣服，此时高宗叹息道："想不到张浚贫苦到如此地步！"

高宗意识到张浚十分清廉，便派人快马加鞭追上张浚，赏赐他三百两黄金。

✦ ✦ ✦ ✦ ✦ ✦

观古论今，无论是谁，做人做事都应该始终坚持清清白白、干干净净，要做到坚守廉洁自律、清正廉明的底线。只有守住廉洁的底线，廉洁从政，廉洁治家才能使清风正气得到弘扬，才能让淡泊家风得以传承。

家庭成员在家庭生活中要坚持遵循清白为人的原则，不能仗权而私用，更不能搞私权。家庭成员要永葆淡泊之心，不贪图个人私利，更不要用公权谋私利，否则将会置亲情于牢笼，将家庭带入万劫不复的深渊。

"无私者，可置以为政。"立党为公还是为私，这不仅反映一个政党的性质，而且也决定了党的命运和前途。于党如此，于人也如此。领导家属要摆正自己的位置，不因私利而心动，贪一时钱财，终会赌上一生的自由。

所谓"大贤秉高鉴，公烛无私光"，不谋私利是党员干部的基本品格，更是治家必备的思想。明大义，行仁义，做人做事内心都要保持清正廉明，只有这样才能保证家庭无"腐风"、生活无"贪风"、做事无"威风"。

地方税务局分局原局长曹某利用职务之便，为他人在税收减免、税款征收等方面谋取非法利益，其先后受贿折合人民币30多万元。不仅如此，他还将单位剩余的汽油费转到自己妻子的加油卡中，被检查机关查处之后，他被判入狱。

地方税务局机关原党委副书记陈某利用职务之便，多次非法收受管辖区域内单位及下属的钱财，其中一部分财产为父母、儿女所用，最终被判刑4年。

无论是曹某还是陈某，他们做出贪图私利之事，谁能说与其家属无关，如果家属能坚持廉洁之心，不贪图私利，在曹某与陈某做出贪腐之事时，家属会给予监督，并想办法阻止他们做出违法乱纪之事，那就不会出现这样的结果。可见，家庭助廉需要家属时刻秉承廉洁之心，时刻对掌权者进行监督，这样才能让家庭长久稳定幸福，才能保证不陷入贪腐的陷阱。要做领导干部的"廉内助"，就要传承淡泊家风，不因私利动心，不因私欲心动，做到清清白白做人，干干净净做事。

6. 少想贪利之快感，多念廉洁之家安

世人要常戒非分之想，常思贪欲之害，领导家属更该如此。自我净化、自我革新不仅是领导干部的素质体现，也是家庭助廉的关键一步。如果问一个领导干部想不想当贪官，这个问题显然很荒谬，相信绝大部分领导干部的答案都是否定的。没有哪个人一开始就想当贪官，也没有谁愿意因为贪污落个身败名裂、家破人亡的下场。然而，在纷繁复杂的现实生活中，有些领导干部由仇视贪官污吏变成了羡慕贪官，再由羡慕贪官到佩服贪官，最终自己变成了贪官，成了自己曾经最憎恨的那种人。在整个转变的过程中，难道他们真的发自肺腑想变成贪官吗？不，在这些人的背后，往往"藏着"一个"贪内助"，他们满眼的钱财欲望，他们用家属的身份"引诱"官员做出"出格"的事情，甚至觉得这样做不会被人发现，最终落得个家破人亡的下场。

☆------☆------☆------☆

记者采访一个贪污犯妻子时，问他的妻子想没想过因为贪污而获罪，她说道："在第一次收别人好处的时候，心情是复杂的，可以说心中有紧张，也有害怕，当然也有喜悦。紧张是在收好处的当时紧张，害怕是在事后担心会被别人发现，喜悦

第二章 拒绝贪腐之念，弘扬淡泊好家风

是因为自己一下子获得那么多的财富，有一种莫名的快感。当然，当时也心存侥幸，觉得自己就背地里贪这么一次，别人不会知道的。"

"那你真的就贪了那么一次吗？"记者接着问道。

"怎么可能，当贪了一次，你就会想获得更多的好处，侥幸心理也会越来越强烈，或许是一种自我安慰，每次收完好处之后，我都会劝告自己没有人会发现的，劝说自己不能再拿别人好处了，累及他的官位就得不偿失了。"她回答道。

"那你想没想过你的家人？"记者接着问道。

"贪钱的时候肯定没想，我想的是他手里有权力，就是别人知道我拿了别人好处，别人也不敢说什么，毕竟他是当官的。"她回答道。

"他是怎么开始做出贪腐行为的？"记者接着问。

"怨我，我拿了别人钱，就要他给别人办事。他知道有些事情不能这么办，但是没办法，我收了别人好处，不办也不行。"她回答道。

"那么现在你是什么感受呢？"记者问道。

"现在肯定是一万个后悔，到现在也没敢告诉老母亲我们两口子被抓的事情，就骗她说出差了，儿子现在上初中，不知道以后对孩子的前途是不是有不好的影响。现在觉得很对不起党和国家，对不起孩子，也对不起他，是我害了他，害了这个家。"她回答道。

看到以上记者的采访，想必贪官的家庭都是这样一步步陷入腐化的。因此，在生活中，家属应该常思贪欲之害，而非常思贪欲之快。

弘扬好家风，当好廉内助

无独有偶，海南省纪委七届四次全会开幕后，第一项议程便是集中观看具有警示教育意义的纪录片，在荧幕上，屯昌县委原副书记、原县长匡某痛哭流涕地说道："我越想就越恨自己，后悔！非常后悔！没有后悔药，没办法。"匡某身为国家工作人员，不但没有用权于民，反而为了谋取私利，非法接受他人贿赂，收受贿赂金额巨大，被判入狱。

贪官在得到法律制裁之后，多半悔不当初，他的身后多半也有一个不似贪腐之害的"贪内助"。贪官本人不但失去了人身自由，家庭也因此而蒙羞，子孙后代也会以他的行为为耻辱。

随着经济的快速发展，权力的影响促使干部在许多方面面临诱惑和陷阱，这就要求领导干部家属常怀警惕之心，不要忘记清正廉明、克己奉公是为官家属的做事底线，面对各种诱惑一定要坚持本心，不被利诱蒙蔽双眼。在家庭中，要常以党纪国法来约束自己，并且以典型的腐败案例来警示家人，从思想道德上构建牢固的防线，不断增加家庭抵御各种诱惑的自觉性。

官某身居县林业局局长一职，从2010年5月至2014年4月，将近四年的时间内，其利用职务之便，采取虚假招投标，并指示他人虚开发票，先后骗取国家长江防护林项目、林业有害生物防治项目等资金，共计247.5万余元。不仅如此，他还非法设立账外资金账户，目的是用于公款吃喝等非正常工作往来。其家属公开使用公款请客吃饭，直接指示店员"记在公家账上"。最终，法院以贪污罪、受贿罪等多项罪名并罚，判处官某有期徒刑13年。

☆————☆————☆————☆————☆

官某在贪污腐化的过程中，忘记了自己身上的使命，更忘记了对家庭的责任，在他的眼里只有自己的私利，根本没有党和人民的利益，作为他的家属也没有起到很好的监督作用，反而眼中只有利欲之贪，没有廉洁持家之心。最终，官某被送进了监牢，而家庭也失去了稳定和幸福。

贪心无边海嫌窄，心底无私天地宽。对家庭来讲，更要懂得多思考贪利带来的害处，多思考廉洁给家庭带来的好处。坚守淡泊的家风，做廉洁之家，只有廉洁之家才能够稳定幸福，贪利之家只会日夜不得安宁。

7. 爱惜名誉，不因一时贪念事后追悔莫及

什么是爱惜名誉？其实爱惜名誉就是严格要求自己的一言一行，做到自尊自爱，对于个人来讲，名誉是一个人的人格尊严，而对于一个家庭来讲，名誉就是整个家庭的尊严。获得美名是每个人的心愿，如果一个家庭失去了名誉，那么这个家庭还有什么希望可言？名誉如同一张无形的名片，是每个人为人处世的真实写照。一个人的名誉一旦形成，就

如影随形，也会被众人认知。爱惜家庭的名誉，需要家庭中的每一位成员都能保持廉洁之心、甘于清贫，不被金钱所诱，不贪一时之利。

被康熙誉为"天下清官第一"的张伯行曾经说过："一丝一粒，我之名节；一厘一毫，民之脂膏。宽一分，民受赐不止一分；取一文，我为人不值一文。"名誉如同一座丰碑，是一种无形的资产。所谓"毁名容易树名难"，要毁掉一个人的清白名声很容易，一朝一夕便能做到，但是要铸就一个人的清风官名却很难，并不是一朝一夕之功，而是需要长时间的自我管控，拒绝一时贪念。

所谓"雁过留声，人过留名"，领导干部要爱惜自己的为官之名，作为"廉内助"更要想尽办法维护其名声不受损；领导干部要用尊严来维护自己的名誉，而家庭成员更要有廉洁意识，做到自觉维护家庭名誉。因此，家庭要有清晰的荣誉观，当家庭树立了廉洁的荣誉观之后，所有家庭成员会将淡泊的名誉传承下去，无论做什么事情都能做到清正廉明。领导干部在家庭生活中，也能够得到熏陶，从而在上班之外的十六小时做到清正廉明。

☆⋯⋯☆⋯⋯☆⋯⋯☆⋯⋯☆

唐代著名的宰相魏征以清正廉明的美名被世人所知，而他的清正离不开夫人裴氏的熏陶，其妻子裴氏也是一名廉洁、俭朴之人。虽然魏征身居宰相，裴氏自嫁给他之后依旧勤俭节约，并随丈夫住在旧屋，每天勤劳地纺纱织布，从没有因为自己是宰相之妻而奢侈度日。

唐太宗听闻魏征家的房子是又小又破，便命人去为他调到新房子里。当官员和工匠来到魏征家里，魏夫人了解了所来之人的意图后，说道："他（魏征）住惯了老房子，住不惯华丽大厦，请皇上原谅，不要给他调房了。"由于魏夫人的再三推

第二章 拒绝贪腐之念，弘扬淡泊好家风

辞，工匠们只好在原有的旧房子基础上进行了翻盖，没有给魏征调换新房子。

在唐贞观十七年的时候，魏征病重，连床都下不了。唐太宗听闻后，急忙派宫里的医生去为他诊治。谁知，医生到魏家后，发现魏征的被子破旧不堪，比普通老百姓所用的被子好不到哪儿去，这样破旧的被子怎么能抵挡严寒。医生回宫后将这件事情告知了唐太宗，唐太宗急忙派人给魏征送去了丝绵被。魏夫人看到了送来的丝绵被，她又说道："他用惯了粗布被褥，没有必要添加丝绵被，也请皇上见谅。"

就这样，魏夫人与魏征相互扶持，魏征为政期间勤恳清贫，魏家才获得了"清廉"的美誉。

魏征的清廉之名离不开妻子的"助廉"之行，为官者自身获得清廉的名誉，需要家庭成员悉心去维护。而名誉归根结底是用道德和修养练成的，一个人或者一个家庭如果道德修养有缺失，自然也不会获得清正的名誉。领导干部在日常生活中要注重家庭道德修养的培养，让整个家庭保持清正廉明的风气。一个家庭有了良好的品格，具备了高尚的道德情操，在处理事情的时候，便能事事按照道德标准来要求家庭每一位成员，其行为自然也不会违背道德底线，更不会做出贪腐之事。

世人都知道"世界上没有卖后悔药的"，的确如此，一个人一旦做了错事，后悔是没有用的。对于一个家庭来讲，一旦滋生贪念，做出贪婪腐化之事，会使整个家庭的名誉受损，这是无法挽回的事实。

某市环保局副局长被捕入狱，其妻子、儿子也一并因为受

贿罪被捕。在被捕消息传开之前，认识这位副局长的人都说他是一名"清廉"的好官，因为他没有私人轿车，平时上下班都是骑着一辆破旧不堪的自行车，家里住的还是几十年前的老房子，也从未见过他出入高档消费场所。无论是在单位还是在亲朋好友眼里，他就是一名"清官"。然而，就是这样被人们夸奖的"清官"却因贪腐被判刑。这究竟是怎么回事呢？

这位副局长的妻子原本在税务局上班，出于丈夫的"官威"，她私下帮一些商业单位做账目，这些单位会给妻子一些"劳务费"，而他的儿子因为父亲的官位，时常能收到一些"回扣"，这位副局长对妻儿所得的不法收入心知肚明，但是他认为这是妻儿的事情，对自己的官位不会产生影响，他纵容妻儿受贿，最终自己深陷牢笼，也毁了一家人的名声。

要使家庭的名誉不受损，家庭中每个成员都要自觉维护个体的名誉。作为家庭中的一员，要明白自己的一举一动代表的不仅仅是自己，而是整个家庭，代表领导干部的行为。作为妻子如果不能做到清廉，则会损害丈夫的清誉，作为儿女如果不能做到清廉自律，势必会影响父母的清誉。因此，家庭名誉的维护不是一朝一夕的事情，而是一种长久坚持。千万不要因为一时贪念，而毁了整个家庭的美名，一旦名誉受损，可谓追悔莫及。

"金杯银杯不如群众的口碑，金奖银奖不如群众的褒奖。"领导干部家属要珍惜掌权者的荣誉和名声，更要明白名誉的维护需要整个家庭来坚持。家庭成员要成为"廉内助"，就要拒绝贪欲，不要因为一时的非分之想而毁了整个家庭的清誉，更不要因为一时的意志不坚，而做出违法乱纪之事。

名誉是为人在世的"羽毛"。古往今来，凡是劣迹斑斑、臭名昭著的人，都不爱惜自己的"羽毛"，其子孙后代也因此而感到羞耻，不愿被世人知晓；凡是爱民如子、公正执法的人，是爱惜个人"羽毛"的典范，都能做到青史留名、千古流芳。领导干部家属更要爱惜自己的"羽毛"，看重自己的名誉，督促领导干部在职位上要树牢"四个意识"和人民利益观，时刻将人民利益放在第一位，更要保持党员的先进本色，自觉抵制歪风邪气。对于家庭来讲，要自觉防范各种诱惑，自觉经受各种考验，不要因为一时贪婪而让整个家族背上贪污腐化之恶名。

第三章

常怀警戒之心,自觉抵制社会上的贪腐之风

心中常保警惕之心,避免被贪腐之气所毒害,这是领导干部必备的心理素质。为避免被腐败之气侵蚀,家庭成员要坚持拒绝不义之财,做到持正守廉,避免被贪腐之人所利用。同时,要做到时刻警惕贪腐之行,敢于与腐败现象做斗争,只有这样才能坚持清正廉明,坚定拒腐的信念。

第三章　常怀警戒之心，自觉抵制社会上的贪腐之风

1. 警钟长鸣人自清，警笛声声心不惊

警钟长鸣从字面意思来理解，就是警惕的钟声会长久地响起，引申理解为要时刻谨记过去发生的教训。在物欲面前，每一个领导干部都应该保持清醒的头脑，时刻认识到一个干部的职责，而家属更应该坚守信念和理想，不要被利益冲昏了头脑，从而为自我贪欲付出惨痛的代价。在利益面前忘记了自我的职责和身份，忘记了家庭的理想抱负，忘记家庭助廉的重要性，最终丧失了警戒之心，走上了贪腐之路。

俗话说得好："害人之心不可有，防人之心不可无。"要时刻提防被腐化，时刻坚守信念，自觉抵制腐败之风。腐败乃是千年毒虫，千百年来都未曾绝迹，不仅危害社会的健康发展，对家庭幸福和睦也有巨大的侵蚀作用。领导家属要想不被毒虫所叮咬、侵蚀，就要务必提高自身的廉洁意识，提高自身防腐能力。

家属要做到防微杜渐，从微小的腐败行为着眼，警醒自我的同时，监督掌权者做到不小贪。要常怀警惕之心，不要让腐败有可乘之机。否则，在警笛响起的时候，势必会心惊胆战、夜夜难眠。

☆　　☆　　☆　　☆　　☆

"在自我检举之后，我才睡了一个踏实觉，在这之前，我四处躲藏，身在异国他乡，不能和亲人朋友见面，在当地语言

又不通，这让我备受煎熬。"袁某低着头看着手上的手铐，冰冷的手铐反而让他感到安心："每次收别人的钱，其实我都会很紧张，害怕被别人发现，以至于我能买得起豪车，不敢买；能买得起别墅，不敢住；就连外出吃饭，都要考虑是不是过于张扬，要选择小餐馆吃饭。这样的日子其实是一种煎熬，每次有警笛声响起，我都心惊胆战，身上出冷汗，夜里也会做噩梦惊醒。"

袁某因贪污罪被捕入狱，每次贪腐都让他感到心惊胆战。即便如此，贪腐之罪是不容原谅的，一旦染指，势必会受到惩罚。这是每一位领导干部在行事之前，都要想清楚的，也是每一位家属要牢记心间的道理。

常怀警惕之心，就需要领导干部家属多思贪腐之害。在近些年的贪腐案例中，因贪腐之害分裂的家庭不在少数，这是贪腐最直接的结果，也是每个贪官最不希望得到的结果。正因如此，时刻提防腐败之徒乘虚而入，破坏家庭安宁与稳定，这对每一个家庭来讲都至关重要。

陈某担任镇人力资源和社会保障服务中心主任期间，受贿数次，每次受贿金额虽然不大，但是累加起来数额很大。

陈某从一名人民教师一路成长为一名国家干部。陈某在忏悔录中写道："我第一次利用职务之便是私分了国家救助资金，当时心里很紧张，其实这次贪污并不是我的本意，是受到其他人的影响，而我自身的廉洁意识不够，没有怀揣腐败警惕之心。有了第一次，就有了后来的第二次，第三次……每次做违法乱纪的事情，我都警告自己，这是最后一次，但是下次在利诱面前，我还是会沦陷。我的父母在我为官之前，教育我要'要清清白白做事，堂堂正正做人，不摸烫手山芋，不食碗外之物'，可是我没有将父母的话牢记于心。而我却记住了妻子对我说的：'拿点、贪点都是正常的。'也是这种思想让我的妻子成为'助贪'，而我也成为万人唾弃的贪污犯。"

☆ ☆ ☆ ☆ ☆

陈某在第一次贪腐的时候，没有意识到贪腐后果的严重性，也没有意识到一旦沾染贪腐便会丧失理性，这就造成了他一而再、再而三地触及法律红线。"要清清白白做事，堂堂正正做人"这是陈某的父母曾经劝告过他的话，可是他却没有记在心间，没有认清贪腐之害，最终碰了"烫手山芋"，也占了"碗外之食"。而陈某的妻子却错误地认为"拿点、贪点都是正常的"，家属没有抵御贪腐的决心，贪腐之气便会进家门，因此，干部家属要时刻警醒自我，避免因为自己不懂"防贪"，害得掌权者身陷牢笼，自己也掉进贪腐的陷阱。

☆ ☆ ☆ ☆ ☆

蒋甜甜（化名）作为一名税务机关重要的工作人员，她从来不将自己的家庭住址透露给企业主，即便有的企业主有事相求，想要通过送礼进家门的方法来打开蒋甜甜的防备之心，也是不可能的事情。除此之外，蒋甜甜从来不让家属以自己的名义出去办事。一次，丈夫想要买一辆车，买车的时候办理贷款，贷款人员要求丈夫出示蒋甜甜的相关信息，因为蒋甜甜是国家公务人员，所以作为联合贷款人会更容易贷到款。在售车方发现蒋甜甜是税务机关的重要工作人员后，提出店里有

"优惠",可以半价卖给他一辆车,蒋甜甜的丈夫感到十分意外,便问销售人员这是不是公司的政策或者是在搞活动,工作人员小声地解释道,这是给他的"特殊政策"。蒋甜甜的丈夫意识到这可能会触及法律,便直接打电话问蒋甜甜是否能按照对方的折扣买车,蒋甜甜立刻对丈夫说:"咱们先不买车了,你先回家吧。"

丈夫拒绝了销售员的"特殊政策",然后回了家。回到家中,蒋甜甜对丈夫说道:"幸亏你给我打了一个电话,不然我就要犯错误了,你不知道这家4S店因为税收出了一些问题,老板一直想找我帮忙,我避而不见,这次他知道了你是我的家人,所以才想要用半价车的优惠来讨好你,顺便让我帮他处理问题。"

丈夫庆幸自己没有贪图便宜而自作主张,否则可能会害了爱人,同时害了整个家庭。蒋甜甜的丈夫意识到"特殊政策"其实就是给他"放了水",现在低价买了车,蒋甜甜势必会需要付出更多去"讨好"这家销售企业。因此,蒋甜甜的丈夫第一时间想到的就是给她打电话。像蒋甜甜丈夫这样保持警惕之心的事例还有很多,作为领导干部的家属,往往是不法分子"围猎"的对象,如果不能保持警惕之心,处处留意,势必会钻入不法分子的圈套,最终套牢的还有掌权者手中的权力。

常怀警戒之心,能让领导干部看清不法分子的真实面目。一个人自主去坚持清廉,势必能够抵抗腐败的行为,做到安心工作,安心生活。警戒之心长存,能够极大限度上杜绝内心的贪欲,避免出现因一时之贪而丢掉廉洁的初心。

2. 提防糖衣炮弹，坚定拒腐信念

什么是糖衣炮弹？其意思是用糖衣裹着的炮弹，通常比喻用巧妙的方式来伪装，从而使别人乐于接受的攻击性的手段，在政治上，常常比喻腐蚀、拉拢，拉人下水的手段。领导干部家属要提防糖衣炮弹，修炼"金刚不坏之身"势在必行。

在"利"和"义"面前，是选择"利"，还是"义"？对领导干部来讲，必须要有正确的选择。毕竟在生活中，干部手中掌握权力，往往成为不法之徒"围猎"的对象，而这些人善于布设各种诱惑，诱导领导干部不成，便会将目标转向领导家属，诱导干部家属掉入他们设计的陷阱，而在众多诱饵中，最具诱惑力的便是"利"。领导干部要不为利益所动，这才是安身立命之本。而作为领导干部的家属，更要拒绝各种诱惑，避免被糖衣炮弹砸中，成为贪腐线上的一颗棋子，最终将领导干部拉下马，让整个家庭掉入贪腐的泥坑。

☆ ---- ☆ ---- ☆ ---- ☆ ---- ☆

自从王明阳（化名）升任区住建部主任之后，很多人都来登门拜访他，他知道这些人都是冲着自己的权力来的，每次有人拿着礼物来拜访，他都拒收。

这天，好友赵峰（化名）敲开了王明阳的家门，赵峰这次来主要是希望王明阳能够给儿子赵杰（化名）安排一个工作，王明阳和赵峰是多年的朋友，他张开口，自己也不知道如何是好。此时，妻子从房间走了出来，假装生气地说道："赵峰，你是不知道，我都要被老王气死了，昨天我哥来找他，想让我侄子去王明阳单位当司机，王明阳直接把我哥赶出家门了，你说气人不气人？"

赵峰笑了笑没说话，王明阳的妻子接着说："都想进国家单位，但是他谁也不帮，这弄得亲戚朋友都骂我，说我不近人情，你说这事儿能怨我吗？"

赵峰听了王明阳妻子的抱怨，心里清楚王明阳是不会帮自己这个忙了，于是，他起身要走，此时，王明阳让赵峰将礼品带回去，但是赵峰拒绝带走。妻子拦住了王明阳，她收下了礼物。

赵峰走后，王明阳生气地说道："你怎么收他的礼物，拿人家的手短，你不知道吗？"

"我当然知道，但是你如果坚持拒收，老赵心里能高兴吗？"妻子解释道，"我记得这周五应该是老赵的生日，到时候我们带着礼物回访不就行了。"

周五，妻子不但带上了赵峰送的礼物，还另外准备了两件礼品，一并送到了赵峰家。

当领导干部因为诱惑徘徊时，作为家属的你是该"推"还是"拉"？这是每个官员家属都应该思考的问题。也许在每个人的潜意识中，都存在得"好处"的心理，而好处不是白得的。很多贪腐的开始，都是出自内心的"贪便宜"。被不法分子"围猎"所设计的"糖衣炮

第三章 常怀警戒之心，自觉抵制社会上的贪腐之风

弹"所砸中、砸晕，导致自己看不清方向、偏离了初心，这无疑对拒腐是有威胁的。

俗语说得好："贪如火，不遏则燎原；欲如水，不遏则自溺。"纵观近年来落马的领导干部中，被"糖衣炮弹"击中而"落马"的实乃不少。

✦─────────✦─────────✦─────────✦─────────✦

田某在贪污的过程中，有一个习惯，那就是每收到一笔赃款，他都会记录下来，到了年底，他会计算一下自己当年"赚"了多少钱。而他的这个做记录的习惯，也彻底暴露了他的罪行。

被捕入狱之后，他依然爱记日记，在他的日记里这样写道："陷入牢笼的第二天，我想了很多，回忆了很多，想到自己第一次'拿好处'的场景，那次是五年前，他们送给我一部手机，我没有收，但是他们以'方便联系'为借口，硬是塞给我，并说这个手机也就几百块钱，我便收下了……还有一次，妻子想要买一部汽车，她去转了一圈，第二天家门口便多了一辆40多万的'豪车'，我明白这是妻子'借来的'，其实也就是他们白送的，妻子说省了不少钱，我知道我要帮那些人赚更多的钱。"

✦─────────✦─────────✦─────────✦─────────✦

通过田某的日记不难看出，他的贪腐过程就是一个被糖衣炮弹轰炸的过程，他没有抵挡住诱惑，他的家属也没有抵挡住糖衣炮弹的袭击。最终，他深陷牢笼、失去自由，可想而知，他的妻子肯定悔不当初。作为领导干部的家属不仅要管住自己的手，不乱拿，更要管住领导干部的

心,不让贪欲侵蚀廉洁之心。家属要提升自己抵抗贪腐的信心,可以从以下几点着手。

首先,要不断强化党性修养。不仅领导干部要时刻保持自己党员的第一身份,家属也要将人民的利益放在第一位,家庭成员更要站在党和国家的角度去思考问题,多学习理论知识,自觉提升自己的思想境界,避免被不法之徒当成"围猎"的对象,拜倒在"糖衣炮弹"之下。

其次,要不断强化廉洁思想,做到严以律己。"正气存内,邪不可干"家属要始终做到严以律己,不要被任何"糖衣炮弹"乱了心智,更要克制自己的欲望,欲望过强,势必会心怀贪欲。要严格用好手中的权力,越是处于高位,越是要严防"糖衣炮弹"的诱惑,避免自己手中的权力成为不法分子牟取不义之财的工具。领导干部及其家属要始终坚持艰苦奋斗、勤俭节约的优良传统,使"糖衣炮弹"难有滋生蔓延的土壤。

最后,要不断强化防微杜渐的能力。现实中,有些家属认为吃点、喝点、拿点、用点问题不大,认为这些"小事儿"不会影响到廉洁,要知道"小贪毁大廉"的道理,要明白只有从小事上防治腐败,才能拒绝酿成大祸。"不虑于微,始成大患;不防于小,终亏大德。"越是小的事情,就越是能反映一个人的人品和家风。家属要注重小节,避免形成不洁的家风。

随着社会的发展,诱惑越来越多,领导干部每天都要抵制各种诱惑,避免自己被糖衣炮弹击中。作为领导干部的家属更是要增强自身抵抗"腐败"的免疫力,坚定反腐倡廉的决心和信心,避免掉进腐败的泥潭无法自拔。

3. 守小节，才能保"家廉"之大节

古人说："千里之堤，溃于蚁穴。"说的是长长的堤坝，会因为小小蚁虫的啃噬而崩塌，其引申到我们日常的生活中，说的是不要小看我们自己所犯的错误，犯了看似不重要的一点点小错，都可能将我们的人生毁于一旦。

在现实生活中，人们会在小事情上放松警惕，总是为自己所犯的小错找借口开脱，甚至会忽略一些小事情对自己的影响，认为这些小事情不足以威胁到自己的廉洁之心，甚至会认为这些小事情太过平常，无法与廉洁公正相联系。但是所有的巨贪重腐无不是从小小的伸手开始，所谓有小就有大，有一就会有二，一次的"小节"之失，就可能换来一生的"大节"之过。

"勿以恶小而为之，勿以善小而不为"，这是刘备在临死前，给刘禅的遗诏中所说的一句话。刘备明白小恶对人的影响，也明白小善的好处。这种弃恶为善要从小事做起的主张，在掌权者为政方面也是可行的。

很多领导家属最初是从小贪开始的，逐渐发展成"助贪"的关键人物。同样，廉洁也是需要保持的，保持廉洁需要从一点一滴做起，从身边小事做起，不怀有占小便宜之心，才能避免小贪上身。从拒绝小恩

弘扬好家风，当好廉内助

小惠开始，才能从根本上做到清廉一生，家庭幸福才能长久。如果在生活中，放任了自己，哪怕是一次小小的放纵，最终都可能会毁掉自己的人生。

☆----------☆----------☆----------☆----------☆

某省委原副书记侯某以受贿罪被批捕，他最终被判处有期徒刑11年。他在自己的忏悔书中这样写道："千里之堤溃于蚁穴，一个人犯错可能是没有心理准备的，是一件小事上犯了错，之后便陷入了错误的深渊，形成犯罪，造成了不可挽回的损失。我的教训就是深刻的，在第一次贪污的时候，我没有加以重视，也没有进行自我反省，最终导致自己毁了前途，毁了家庭，我愧对国家和党的信任。"

☆----------☆----------☆----------☆----------☆

在现实生活中，不仅领导干部要以清廉为荣，以贪污为耻，将清正廉明作为自己的立身之本，家庭成员也要做到重视"小节"，不给任何不法之徒以可乘之机，不在任何地方、任何时候、任何情况下有丝毫松懈，做到严格要求自己，同时提醒掌权者，避免因为家庭的贪腐而导致掌权者失去手中的权力，深陷牢笼。

☆----------☆----------☆----------☆----------☆

一个鸡蛋不小心碰到了墙角，出现了裂痕，这个时候飞过来一只苍蝇，它闻到了鸡蛋液的味道，便围着鸡蛋转了几圈，发现鸡蛋上的裂痕，然后爬到鸡蛋上贪婪地吮吸鸡蛋液。鸡蛋开始不觉得疼，但是因为苍蝇嘴上带着细菌，导致鸡蛋被细菌感染，开始出现变质的现象，鸡蛋还认为这只不过是一点小问题，不会影响自己变成一只小鸡，慢慢地鸡蛋开始变质发臭，最终成为一个"坏蛋",只能被丢进垃圾桶。

鸡蛋变质的过程,其实就如同一个家庭贪腐的过程,开始只不过是有了一条贪腐的"裂痕",然后招来了带有致腐细菌的"苍蝇",最终自己被"细菌"慢慢侵蚀,腐败变质,导致整个家庭陷入贪腐的深渊。所以,官员家属一旦在小节上有所失,很可能小节变成"大节",最终失去了大节。

一瓶蜂蜜不小心被打翻在地,蜂蜜甜美的味道引来了一群苍蝇,苍蝇落在蜂蜜上开始大快朵颐,在它吃饱喝足之后打算飞走,却发现自己的脚已经被蜂蜜牢牢地粘住了,根本飞不起来,苍蝇开始不停地挣扎,但是即便自己使出了浑身力气,还是无法摆脱蜂蜜。最终,苍蝇累得奄奄一息,说道:"我们只顾着吃一点点的蜂蜜,却将自己的性命断送了。"

苍蝇为了一点点的蜂蜜断送了性命,而那些因为一点点小利而丧失了清廉之名的贪官与这些苍蝇有何不同?作为官员的家属,不仅要监督官员不被小利所诱,更要坚持自己的本心,不要被一些蝇头小利迷惑,做出对不起家庭,对不起国家的事情。

抵制不住小小的诱惑会让家属失去原本美满的生活,甚至付出生命的代价。要做领导干部的廉内助,就要明白这个道理:小利能害命,小廉保平安。但是在现实生活中,有一些领导干部的家属心存侥幸,不能抵挡诱惑,做出有损小节的事情,最终害得家庭的大节难保。

由此可见,以小失大,不在小贪上加以重视,势必会犯下"大贪"

弘扬好家风，当好廉内助

的错误。家属要守小节，注意小贪的诱惑，避免全家陷入贪腐的深渊。

☆┈┈┈☆┈┈┈☆┈┈┈☆┈┈┈☆

一天，一位卖鸡蛋的老妇看到一个七八岁样子的小孩在自家门前转悠。老妇走上前去，问小孩为什么在自己门前闲逛。

小孩说道："我听说你家每天中午都会吃炒鸡蛋，我来闻闻鸡蛋的味道。"

老妇听了觉得这个孩子太可怜，可能很少吃鸡蛋。于是，便从家里拿出来两枚鸡蛋送给了小孩。小孩答谢之后，便跑回了家。

过了有两个时辰，只见县官带着刚才的孩子来到了老妇家里。原来，这个小孩是县官的孙子，因为县官家里很长时间没有吃鸡蛋了，孩子想吃鸡蛋，又知道这位老妇是卖鸡蛋的，便在她家门口闲转。

县官拿出了老妇给的两枚鸡蛋，说道："小孩子不懂事，他不该收您的鸡蛋，我专程带着他来向您表示感谢，并将鸡蛋归还给您。"

县官为百姓做了很多实事，刚正不阿，当地百姓十分爱戴他。老妇得知堂堂县官的家里如此拮据，竟然吃不起鸡蛋，老妇自然坚决不肯收回那两枚鸡蛋。

县官说道："别说是您的两枚鸡蛋，就是一颗大枣，我也不能收。"

老妇依然不收回鸡蛋，县官看到老妇态度如此坚决，他便拿着鸡蛋离开了，在扭头向门口走的过程中，县官故意从自己的袖子里拿出两枚铜板，偷偷地扔到地上。

待县官走出院子，老妇才发现地上有两枚铜板。后来，这

第三章 常怀警戒之心，自觉抵制社会上的贪腐之风

名县官清正廉明的事迹传到了皇帝耳朵里，县官被升了官职，加了俸禄。多年后，县官的孙子也成为一名廉洁的官员。

古语说，"小者大之渐，微者著之萌"，所以才有"不虑于微，始贻大患；不防于小，终累大德"的说法。现代人经常会将"细节决定成败"挂在嘴边，从一个小小的细节便能看出一个人的人品，可见细节是多么重要。对于腐败而言，也是如此。许多巨贪都是从小腐开始的，而家属站在距离贪腐最近的位置，应该做到自律，不要不重视小贪，不能不看重小事，要学会"以小见大"，将"微腐败"拒之门外。

相传在北宋时期，博州有一位州官，他为人极其廉洁。一天晚上，他收到了京城送来的一封信，猜想可能是朝廷给予的重要指示，便马上命令公差点蜡烛阅读。谁知刚读了一半，他便命令公差将蜡烛熄灭，点上自己买来的蜡烛，然后才继续看下去。公差很费解，不知道他为什么要这样做，心想难道是自己买的蜡烛不及他的蜡烛亮吗？后来才知道，原来那封信中有一部分是他留在京城的家属写给他的，他认为这是家事，不应该用公家的蜡烛。

为了半封家书，竟然要换成自己买的蜡烛，不得不说从小事来看，这个官员绝对是清廉的，这在很多人看来，这是过分"迂腐"的。在现实生活中，一些贪官别说看半封信要换蜡烛，就是贪污十万八万，也不会觉得亏心。州官的这种行为虽然看似有点"过"，但这种重视小节的优秀品格是我们需要学习的。无论你身居何职，都不要贪图小利，官

弘扬好家风，当好廉内助

员如此，家属更该如此，贪小利、失大节，可谓得不偿失。

"患生于所忽，祸发于细微。"许多腐败问题看似是小节之过，其实是失大节的开始。而作为家属，首要的责任要帮助和支持自己的亲人，坚持廉洁，抵制贪腐，坚持守住家门。不要让小贪毁了整个家庭的稳定。

4. 持正守廉，坚持自身正气

两袖清风正气涤，一泓清水自成溪。这句话说的就是为官之道，这句话不仅影射出了清正廉明的官场之风，也表明了官员该有的正直之气。在生活中，大大小小的诱惑可谓鳞次栉比，常人坚守已十分艰难，对官员家属来讲，现实的诱惑更是需要心灵的一次次"撞击"。因此，在家庭中，如何坚定信念、做好自己，这不仅是人生道路中的成长之路，更是个人"初心"的长效化考验。

"守廉"就如同是登山，站位越高所观赏的"风景"也就越多，所面临的"诱惑"自然也就越多，这不仅是心智的比拼，更是人的耐力的考验。远行之初，立大志的人很多，然而，在坚持前行的整个过程中，我们的确会遇到很多困难，有的领导干部与其家属醉心于"风景"，忙于"采撷"，爱好"搬运"，在不经意间就偏离了最初设计的轨道，导致自身难以进步、停滞眼前，甚至会出现倒退的现象，从而

第三章 常怀警戒之心，自觉抵制社会上的贪腐之风

出现跌落的现象，这在各级纪检部门展示的违法违纪案例中，屡见不鲜。

☆　☆　☆　☆　☆

唐朝贞元年间，寒窗苦读的白居易考中进士，便被派往陕西周至当县令。在他刚上任的时候，城西的赵乡绅和李财主就跑到县衙来打官司，原来是他们为了争夺一块地。为了能够打赢这场官司，赵乡绅便差人来购买了一条大的鲤鱼，在鱼的肚子里塞满了银子，送给了白居易。而李财主则命人从田里挑了个最大的西瓜，掏出里面的瓜瓤，在西瓜里面塞满了银子。收到这两份"重礼"之后，白居易便吩咐手下的人贴出告示，并宣称明天要公开宣审。

第二天，县衙门外挤满来看热闹的城中百姓。赵乡绅和李财主都扬扬得意，认为自己送礼了肯定能够打赢这场官司。白居易升堂后问道："你们两个人哪个先讲？"赵乡绅抢着说："大人，我的理（鲤）长，所以我要先讲。"李财主自然也不甘示弱，说道："我的理（瓜）大，自然该我来先讲。"白居易明白他们二人的意思，沉下脸说："什么理长理大？这成何体统！"赵乡绅听了白居易的话，以为他忘了自己送的礼是多么贵重，便连忙说道："大人息怒，小人是个愚（鱼）民啊！"白居易如此聪明，自然知道他话中的内涵，微微一笑说："本官耳聪目明，不用你们旁敲侧击，我更不喜欢有人暗通关节。"说完之后，命属下将贿赂之物取来。

衙役取来了鲤鱼和西瓜，当着全城百姓的面，将里面的银子抖了出来，听审者可谓是一片哗然。白居易便厉声喝道："大胆刁民，你们竟然胆敢公开行贿本官，按照大唐律法各打

四十大板！"门外围观的众百姓无不拍手称快。这些行贿的银子，白居易则用来救济贫苦的百姓。

白居易为官清廉，他不但坚持正义，守住了廉洁，更惩治了行贿之人，即坚持了自身正气，又树立了威信。古人尚且明白清正廉明的重要性，今人为什么不能效仿与学习呢？在生活中，不乏一小部分"糊涂"的官员家属，他们不懂持正守廉，不去坚持自身正气，甘被污秽之气侵蚀，最终毁了掌权者原本光明的前程，也毁了整个家庭的安宁。

村支书赵某离任的时候，村民凑钱给他送了一面锦旗，锦旗上写着"天高三尺"。赵某十分不解，便找到其中一名为人直率的村民，问这是什么意思。

那位村民露出讽刺的笑脸，说道："天高了三尺，不是因为天真的高了，是因为地低了三尺。"

赵某依然很困惑，要求这位村民说清楚一些。"你在任期间，恨不得挖地三尺搜刮钱财、贪污受贿，这可不就是你让天高出了三尺？"村民说完，扭头走了，赵某气冲冲地回家了。

第二天，村民又送来一面锦旗，锦旗上写着"五大天地"，赵某心想这次肯定是夸赞自己的美言，赵某笑着问送锦旗的村民，上面写的是什么意思。

村民窃笑着说道："赵支书还是先将锦旗挂起来吧。"

赵某高兴地将锦旗挂在了客厅最显眼的地方，村民说道："你在职期间，金天银地，花天酒地，把村里搞得昏天暗地，百姓怨天怨地，现在你离任了真是谢天谢地。"赵某听完气得

第三章　常怀警戒之心，自觉抵制社会上的贪腐之风

满脸通红。

之所以村民如此"羞辱"赵某，除了他在职期间，不但没有给村里做一件实事，他还任凭亲属在村里横行霸道，现如今，他们一家人都成为村民唾弃的对象。

☆　　☆　　☆　　☆　　☆

村支书作为最基层的领导干部，更应该做到持正清廉，而赵某在位期间，他和家属做了太多贪贿之事，百姓看在眼里，记在心里。领导干部不要认为自己手中有权，百姓的力量很小。要知道官员的一言一行都在群众的眼里和心里，同样地，官员家属的一言一行也是人民群众所关注的。因此，领导家属要坚持清正的家风，迎接清风正气进家门，这样才能避免做出对不起国家和人民的事情，才能让家庭持久幸福下去。

立党为公，执政为民，这是每一名领导干部在前行道路中应该时刻警醒的，而不应该沉溺在自己幻化的"海市蜃楼"中，贪得一日欢，挣得一日闲，这不仅会"伤"了民心，也将为自己留下无尽的悔恨。要助领导干部成为"清官"，需要家属坚持自身正气，监督官员做到执政为民。

"清风凉自林谷出，廉洁源从自律来。"这是廉洁的一种境界，家庭成员不仅要将清风化为力量，更要学会从自律中找到真正的底气。领导干部要时刻树立正确的世界观、人生观、价值观，这离不开家属的支持和矫正。而作为家属更要树立正确的地位观、利益观，不要以"官"之名，毁了所有的一切，更不能让家庭毁于一旦。

坚定崇高的理想信念，将国家和人民利益放在第一位。干部家属需要与一切歪风邪气做斗争，以崇高的人格和情怀守护清正廉明的家风，打造幸福健康的家庭。

弘扬好家风，当好廉内助

5. 以正压邪，做好家庭防范

正，这里指的是正气、正直，不畏强权，敢作敢为，坚持自身的正道与正义，坚持自己的信念。邪，这里指的是不正之风，贪腐之风。《尚书·洪范》中写道："三德：一曰正直，二曰刚克，三曰柔克。"孔颖达写道："一曰正直，言能正人之曲使直。"古人推崇正直之气，正直的人更懂得如何压制歪风腐气。

家属在家庭生活中，打造舒适的家庭环境，这就需要用清风正气来管理家庭，避免不正之风、贪腐之气进家门，这个过程是建构稳定家庭的过程，更是维护家庭幸福的必要步骤。现如今，随着社会的发展，在物欲横流的社会气氛感染下，少数领导干部及家属忘记了正直为官、正直为人的重要性，招致贪腐邪气而来，使得家族蒙羞，家庭破碎。因此，家属要当好家庭的"守门员"，做好家庭防范，杜绝贪腐之人进家门。

范仲淹年轻时家庭穷困，他寄居在睢阳一户姓朱的人家里，并且经常会和一个术士在一起。后来，术士染病病危，他请人叫来范仲淹，并且告诉范仲淹："我善于将水银炼成白金，我的儿子年龄比较小，不能把这个秘方交给他，现在我只能把这个秘方交给你，请你代为保管。"

范仲淹本想推辞，但是这个术士已经咽了气，范仲淹只好将秘方和炼成的一斤白金封存好。

后来，过了十几年，范仲淹当上了谏官，当年那个术士的儿子也逐渐长大成人，范仲淹便找到他，对他说："你的父亲会使用神术，当年过世的时候，你的年龄还太小，他便将一斤白金和秘方让我帮他存放，现在你长大了，我可以交给你了。"说完范仲淹将秘方和一斤白金交给了术士的儿子。

通过这件事情足以表明范仲淹是一位正直的人，不仅如此，范仲淹反对贪腐，他在为官期间，为了彻底揭露吕夷简等人任人唯亲、胡作非为的行为，范仲淹进行了深入调查，在这期间，他收集了大量证据，将吕夷简结党营私、贪腐的情况绘制成了"百官图"，并将这张"图"呈献给皇帝宋仁宗。

之后，范仲淹还先后为宋仁宗书写了《帝王尚好》《选贤任能》等政文，帮助朝廷整治贪官污吏，一时之间，朝廷存在的腐败问题得到了很好的整顿。

☆　　　　☆　　　　☆　　　　☆　　　　☆

范仲淹是著名的大文学家，同时在为官期间，他能坚守自身的正气，不被权势所诱，不趋于腐败之行，可谓是历史上一位清正廉明的官员。今日的领导干部应该学习范仲淹的这种甘于与腐败之徒做斗争的精神，同时管理好自己的家庭，避免家属做出有损清廉之事，做好家庭防范，避免家庭成员被腐败之气袭击，成为腐败之人。

☆　　　　☆　　　　☆　　　　☆　　　　☆

中央纪委国家监委网站登载了一篇文章，写了宁夏回族自治区经信委副主任高某的犯罪经过。

"每当夜幕降临,瞅一眼银川美丽的夜景,都会想起自己和爱人为事业和家庭付出的心血。是自己亲手毁掉了一切。如今不但失去了自由,失去了自己热爱的事业,丧失了为党和人民工作的权利,还连累了亲人。真为自己的所作所为而羞愧!"

这是高某在接受组织审查期间一段发自内心的忏悔。2014年7月,高某被开除党籍、行政开除。几个月后,她因受贿134万余元,被判处有期徒刑9年。在她刚走上岗位时,能够坚持廉洁,对开发商送的现金、购物卡,她直接拒绝,或上交给单位,或当着开发商的面,直接捐给学校或福利院。然而,随着其权力的增大,她在思想上放松了警惕,最终心态失衡,被物欲所侵蚀。

尤其是之后,高某得知丈夫和两名房地产公司老板交好后,她对丈夫的行为不管不问。丈夫三番五次请求她为那两位房地产公司老板办事,她都没有拒绝,而是利用自己手中的权力为二人谋私利。而这两名房地产开发商也用大量现金作为"感谢",高某也只是轻描淡写地答应了一声,便理所应当地花着别人的钱,享受着别人提供的奢侈生活。

☆　　☆　　☆　　☆　　☆

夫妻本应该在事业和生活上相互提携,然而高重瞳和丈夫却没有将事业发展、家庭和睦与公权划分清楚界限,没能坚持住正直清廉的本心,更没有对家属进行约束和监督,这才导致丈夫与自己一起陷入贪腐的深渊,这换来的是一个家庭的悲剧。

正直能够压制歪风邪气,在家庭生活中,家属要用清廉的正气去抵制贪腐的歪风邪气,更要做到自律,管住自己的手不"伸",管住自己的心不贪。只有家庭充满了清风正气，才能保证家庭成员不陷入贪腐的泥潭，才能保证家庭和睦，幸福永远。

6. 严防明借暗贿的变相行贿

在现如今反腐倡廉处于高压态势的新形势下，许多腐败分子开始担心自己的腐败行为会被发现，在这个过程中，他们为了逃避打击，绞尽脑汁地隐藏自己的罪行，希望自己的罪行不被发现。这就引申出一些比较隐晦的新型腐败现象——明借暗贿。

顾名思义，明借暗贿就是表面上是借款，实际上是一种"借"了不用还的贿赂行为。当然，这里的"借"只不过是借口，找借口来贪污。无论是什么样的方式受贿，只要是拿了不该拿的，得了不该得的，就是贿赂，万变不离其宗，都是利用权力进行权钱、物权交易，都是变相的受贿。

✰ ┈┈┈ ✰ ┈┈┈ ✰ ┈┈┈ ✰

某省古城区园林绿化局原副局长朱某因为受贿一审被判刑10年，在相关单位进行资产核对时，发现除了60万元有受贿证据，其他300万元无法说清楚来源。对此，朱某上诉辩称，对指控的巨额财产来源不明罪有意见，称自己打麻将赢了80万元，他声称其他资产是自己向别人"借的"钱，他想要买房子，便向别人借款 220 万元。就其口中说的打麻将赢了 80 万元，检方要求其将具体时间、具体地点、和什么人打麻将交代清楚，借款的 220 万元拿出借款的凭证。

之后经过调查发现，他所谓的打麻将赢了 80 万元，其实是假借打麻将的名义，绿化单位负责人在麻将桌上故意"放水"，他才赢了 80 万元。至于他口中所说的为了买房子，向别人借款的事情，其实是一种变相索要"好处费"的现象。他以要买房子给孩子结婚为理由，向绿化单位的尚某、郑某、李某等，分别索要了 100 万元、70 万元、50 万元，这些钱既没有借条，也没有任何借款手续，而最为重要的是，这些钱都是通过尚某、郑某、李某所在公司的公司账户上转给朱某的。

◆ ☆ ◆ ☆ ◆ ☆ ◆

暂且不论国家干部公开赌博，单单说"借款"这种手段，足以让人们看清楚其"变相受贿"的手段。既然对受贿零容忍，当然就更要对"变相受贿"零容忍。"变相受贿"在形式上比较隐蔽，也是比较狡猾的手段，这给执法部门的反腐工作带来了一定的难度，但是这并不能阻挡国家打击腐败的决心。

说到明借暗贿的变相行贿手段，家属往往是不法分子"围猎"的首选对象。你的孩子喜欢玩车，我可以"借"给你一辆车，闲着也是闲着，送人又没人要，卖也不值钱，"借"给你孩子开吧。你妻子不是喜欢美容吗？我可以"借"给你美容保健卡，办了很少用，再不用就过期了，浪费也是可惜。你父母不是喜欢旅游吗？我可以"借"给你免费旅游的机会，之前办理的旅游套票，一直没时间去，过期就作废了。面对对方的这些"好意"，你是"借"还是"不借"？"借"了，就要给对方办事，"不借"又怕伤人心。

第三章　常怀警戒之心，自觉抵制社会上的贪腐之风

不可否认，有个别实权人物家属，也心存贪欲。他们希望利用掌权者手中的权力，为自己及家人捞点实惠，但又怕事情败露，因而便见钱婉辞。行贿者只能想出更为隐蔽的方式来行贿，而"明借暗贿"成为他们首选的手段。

☆ ☆ ☆ ☆ ☆

某镇的副镇长谢某主管工业，妻子庄某与镇里一名民营企业主王某很早就已经熟识了，这天，王某提议，和庄某一起购买一台注塑机，然后由王某负责具体的生产管理、技术和流动资金。庄某觉得王某的主意不错，她对王某说："我现在没那么多钱，怎么办？"

"我先垫付，等赚钱了您再还给我。"王某明白庄某的意思，之后，王某花了3万元买了一台注塑机，庄某占股40%，王某占股60%。

到了年底，庄某收到分红3万元，庄某说要将之前王某垫付的钱还给王某，王某则拒收。就这样，庄某没有投资一分钱，便收到了3万元的分红。与此同时，谢某帮助王某的企业以最高价拿到县里最大的一个生产订单，帮助王某"捞钱"。而王某则用"分红"的手段白送庄某30万元。

谢某、庄某心存侥幸，认为王某"送钱"的手段如此高明，这种事情没有人会知道，但是天网恢恢疏而不漏，最终还是受到了法律的制裁。

☆ ☆ ☆ ☆ ☆

俗话说："吃人家的嘴短，拿人家的手软。"不该拿的不拿，不该"借"的不借，领导干部的家属更应该坚持廉洁治家，并教育好下一

代，不要心存侥幸，认为不会因为这种方式被有关机关发觉。更不要认为这种"借钱"的方式是合法的，要知道通过亲人手中的权力为别人谋取私利势必会影响到自己的清正廉明，最终会失去幸福。

中国有古训"苟非吾之所有，虽一毫而莫取"，其实这也是全世界共通的做人原则。日本也有一句名言是："除了空气和阳光是大自然赐予的，其余的一切都要通过劳动才能获得。"这都说明只要是不义之财，都不应该多占有一分一毫。人不能忘记做人的原则，作为领导干部更应该有自己的原则，不能为了获取某些私利，做出有损清誉之事。家属要控制自己的欲望，不要认为变相行贿，没人知晓，这是自欺欺人的想法，这种想法会将我们推入贪腐的陷阱，最终害了自己，也害了家人。

☆············☆············☆············☆············☆············☆

儿子升了高三，李倩倩（化名）决定去陪读，于是她对丈夫老王说道："在西城帮我找个房子吧，我要去陪读，这样孩子学习还踏实一些，毕竟快高考了。"

老王在住建部工作，要想在西城找个房子那简直是轻而易举的事情，他对李倩倩说道："你直接找个中介问问，租一个一居室就行了。"

"好吧！"李倩倩知道老王就会这样说。

三天后，李倩倩接到了一个中介的电话，说有人将房子租好了，她可以随时搬进去。李倩倩感到很奇怪，她以为是丈夫租好了。李倩倩带着行李去了中介，然后去了所租的房子。这时，正好丈夫打来了电话，李倩倩接了电话，只听到电话另一头，丈夫怒吼道："谁让你去找李冉（化名）的，你知不知道住了他的房子，我有多为难？"

李冉是李倩倩的远房亲戚，他开了一家装修公司，一直想要承接在建的经济适用房的整体装修工程，老王认为李冉的公司资质不够，所以一直没有帮他。

"我不知道这是李冉的房子，我以为是你安排的呢。"李倩倩委屈地说道。

"我不是跟你说了吗？租个房子也不贵，你自己找找房子，千万不要借李冉的房子，我不能因为他是亲戚就给他开后门，你是我的妻子，你要理解我。"丈夫在电话另一头生气地吼道。

挂了电话，李倩倩急忙带着行李，找到了中介，她将钥匙退还给了中介，说自己不住了。紧接着，李倩倩打电话给李冉，李冉说这个房子可以借给李倩倩住，希望老王能够帮他拿下经济适用房装修的工程。

李倩倩坚决拒绝了他的请求，并严厉地斥责了李冉。

☆ ☆ ☆ ☆ ☆

李倩倩的这种行为就是在拒绝变相受贿，在生活中，有一些不法分子为了达到自己的目的，挖空心思，不择手段，千方百计地去"走关系"，而一些贪官污吏为了"得好处"，便想出各种隐晦的手段获得好处。在现实生活中，这种明借暗贿的变相行贿案例并不少见，家属要能够抵挡诱惑，避免上了不法分子的当，否则家庭会陷入贪腐的深渊，最终毁了一家人的幸福。

弘扬好家风，当好廉内助

7. 严把家门，坚决拒绝不义之财

"家门"是一个家庭安全的保障，领导干部要想让自己的家庭平安幸福，就需要与家庭成员一起看好家门，既不要让坏人偷走家庭财产，又不能让不义之财打破家庭的安稳。俗话说得好"人为财死，鸟为食亡"，人过分爱财，则会因为财而死，鸟过分贪图食物，便会为得到食物而死亡。古人说"君子爱财，取之有道"，爱财要取正道求财，"歪财"不但不会让家庭幸福，反而会给家庭带来灾难。

☆----------☆----------☆----------☆----------☆

不义之财，意思是指不应该得到或者用不正当的手段获取钱财。这个词语出自《列女传·齐田稷母传》。在古代，下属送给齐国宰相田稷子一些黄金，田稷子是一名孝子，他为了孝敬母亲，便将黄金赠送给了母亲，希望能让母亲高兴。母亲见到如此多的黄金，感到十分惊讶，便问他做了三年宰相就有这么多俸禄，难道就没有开销吗？田稷子只好将黄金的由来如实告知母亲，母亲听了之后，便告诫他："像你这样处理官事，不是我所希望的。皇上出于对你的信任，才让你做官，给你很高的俸禄，你就应一心为国，把事情做好。你既然做了官，就要忠于职守，廉洁公正，不能贪这些不义之财，只有这样才能得到人民的爱戴，自己也才能避免灾祸。可你是怎么做的呢？"听了母亲的教导，田稷子十分愧疚，随即将这些黄金一一退回。

可见，田稷子能够当上宰相，离不开母亲的悉心教导，更离不开母亲的助廉行为。如果他的母亲没有意识到这些黄金得之有愧，纵容田稷子收受别人的黄金，恐怕田稷子也不会有"退贿请罪"的美名。

在生活中，经常会听别人说"安贫乐道"这个词语。那么，什么才是"道"呢？要安贫乐道又要怎么"安贫"呢？在古圣人眼中，金银钱财似乎是世俗至极的东西，然而在现实生活中，世人皆离不开金钱，孔子说"富与贵，是人之所欲也""贫与贱，是人之所恶也"。在孔圣人看来，对财富的追求和憎恶贫贱是人的本性，这都是正常的。但孔子也说过"不义而富且贵，于我如浮云"，并且在孔子的思想中，他认为不义之财就是过眼云烟，是不能带给人们幸福的。孔子主张"见利思义""义然后取"。领导干部在"财"的面前要心存道义，坚定为政的初心，这样便能够抵得住诱惑，经得住清贫。

唐朝卢怀慎身为宰相，但是他生活比较清贫，家中的家居陈设都是十分简陋的，虽然自己身为宰相，但是妻儿仍然免不了挨冻受饿，因为他对待亲戚朋友十分大方。他在洛阳担任官职，负责选拔官吏，可是随行的行李就只有一个布袋。在担任黄门监兼吏部尚书期间，他病了很长一段时间，宋璟和卢从愿经常来这里看望他，只见他躺在一张薄薄的破竹席上，门上连个门帘都没有，遇到刮风下雨，他只能用席子来遮挡风雨，端上来的饭菜也只有两瓦盆蒸豆和少许青菜。不仅如此，他从来不收别人送的任何礼物，也要求家属不能收别人的礼品，不管是谁来家里拜访，即便他不在家，他的家属也会要求拜访者将礼物带回去，因此他的生活极度贫寒。

☆ ☆ ☆ ☆ ☆

一个家庭是否幸福，不在乎家庭是否富贵，而在于家庭是否平安。作为领导干部的家属一定要把住家门，从严治家，不拿"白来礼"，不收"不义财"，不让不正之风进家门，坚持不沾不义之"利"，不取不明来历的意外之"财"，不拿不合规定的分外之"物"，帮助掌权者清清白白做人，堂堂正正做事。

在现代社会中，反面的贪腐案例不在少数，许多官员之所以走上贪腐之路，主要是因为家属没有严把家门，导致腐败之风推门而入，最终酿成苦果。

☆ ☆ ☆ ☆ ☆

某市落马书记谢某从一名正厅级领导干部，沦为国家的罪人，他的妻子有着不可推卸的责任。

"双手被冰凉的手铐锁住的时候，我想到的是我曾经深爱的妻子，如果不是她的贪婪，我可能也不会落到今天这个地步，当然我不是在推卸责任，毕竟现在推卸责任是没有任何意义的，我也是有罪的。"他在牢笼中忏悔道。

谢某在为官之初，对贪腐十分不屑，有些商人请他吃饭，他不但不去，还斥责那些商人目的不纯。随着自己的官位越来越高，他的妻子开始羡慕别人的妻子能穿金戴银、住大房子。但是谢某一直严格要求妻子，妻子也并没有做出贪腐的行为。

第三章　常怀警戒之心，自觉抵制社会上的贪腐之风

谢某的儿子要升高中，但是儿子学习成绩很差，妻子便有了让儿子去国外留学的想法，但是出国留学费用极高，妻子正为这件事犯愁的时候，一个自称谢某好友的章某来到家里，章某打着即将端午节的由头，给他送来一盒粽子。

按照谢某的习惯，他肯定会拒绝收对方的礼品，但是这次意外的是妻子竟然收下了这盒粽子。章某走后，妻子打开礼盒，发现里面不是粽子，而是一沓沓的现金。妻子数了数，一共10万元。看到这么多的现金，妻子有了占为己有的想法。

谢某回家之后，了解了事情原委，他要求妻子将现金送还回去，但是妻子抱怨道："儿子要去国外留学，你知道一年要多少钱吗？你一个月那么点死工资，根本不够孩子上学用。"

"为什么非要出国留学，能上得起就上，上不起就不去。"谢某生气地喊道。

"你儿子学习成绩这么差，好学校都不收，你就是不为自己考虑，你也要为儿子以后考虑考虑吧，你现在手里还有一点权力，如果以后手里没有权力了，你再想弄点钱那比登天还难。"妻子抱怨道，听了妻子的抱怨，谢某内心也开始动摇了。

有了第一次，就有了第二次、第三次……谢某最终因为贪污金额巨大，被依法逮捕，妻子也受到了牵连。

在被审查的日子里，谢某无时无刻不在担心和自责，他说自己经常会失眠，一夜一夜地失眠，心里极度害怕，害怕自己的罪行被发现，同时也害怕得来的富贵化为乌有。但是天下没有不透风的墙，做过的错事势必会被发现。通过谢某的贪腐案例，可以看出如果家属能够端正自己的态度，严把家门，不让不义之财进家门，面对诱惑不为所动，发现有

弘扬好家风，当好廉内助

违法违纪的事情严加制止，而不是主动去敛财，也许家庭还如往日般幸福。作为领导干部的谢某，如果能够严格遵守原则，在妻子出现贪腐行为的时候，能极力制止，并将财物归还回去，那么自己也不至于沦落至此。

西晋"竹林七贤"之一的山涛任吏部尚书，被人尊称为"悬丝尚书"，因为他为官三十余年，清正廉洁，从不收礼。

有一次，县令袁毅知道山涛不收礼，便偷偷地给他送去百余斤真丝，山涛知道这件事情之后，就让家人将这些真丝悬挂在房梁上，要求家人不要去用这些真丝。之后，袁毅的恶性劣迹败露，朝廷听闻他曾经给山涛送过真丝，便派人去盘查此事，到了山涛家，发现在房梁上悬挂的真丝早已经被虫蛀食，但"尘埃封印如故"，众人都感慨山涛为官清廉。

在领导干部的家庭生活中，收到别人的"财物"这是很常见的现象，而清廉的官员与家属能够清醒地意识到，这些财物非但不能让家庭幸福，还会给家庭带来灾难。对于贪腐的家庭来讲，他们会将这些财物占为己有，掌权者会利用手中的权力做出违法乱纪之事，最终落得家庭四分五裂的田地。领导干部及家属要常怀警戒之心，把好家门，警惕不义之财破门而入，否则只能给家庭招致灾祸，毁掉幸福的家庭。

第四章

配偶当好"守门员",自律自省拒绝腐败进家门

人们常说:"家有良妻如国有良相。"在家庭生活中,领导干部的配偶能够做到廉洁自律,家宅才能安稳。作为家庭廉洁的"守门员",配偶应该"吾日三省吾身",从严律己,注意自己的言行,不放纵、不攀比,建立合理的消费观,避免纵容自我,使腐败乘虚而入,破坏家庭稳定。

弘扬好家风，当好廉内助

1. 家有廉内助，祸事不上门

俗话说"家有贤妻，夫无横祸"，或许有人会认为这种说话过于牵强，但是不得不承认，在家庭中，夫妻之间有着千丝万缕的联系。领导干部要做到清廉，如果没有妻子的支持，恐怕要想做清廉为官也是难事。在近几年的贪腐案件中，经常看到因为妻子的贪腐而造成整个家庭的腐败，官员也被妻子的贪心"拖下水"。"廉妻"与"贪妻"导致的后果可谓是大相径庭，每一个贪污腐化的案例背后几乎都有贪妻的身影，而每一个清廉官员的背后，都有一个贤明、高洁、深明大义的妻子。作为领导干部的妻子应该具备抵挡贪腐进家门的能力，不允许一丝丝污秽之气吹进家门。当然，这里的"廉内助"并非单纯指的妻子，其泛指领导干部的伴侣，在家庭生活中，配偶是领导干部的左膀右臂，应该多做一些有助于领导干部工作的事情。

某市委原常委、常务副市长曹某，不但自己因贪腐被判刑，而且其丈夫王某也受到了牵连而被判刑，王某获刑的原因竟然是转移、藏匿了曹某交给他的受贿赃款。原本王某只是官员家属，但是他在曹某贪腐的时候，并没有及时阻止或给予警告，反而包庇妻子的罪行，最终被法院判处有期徒刑3年，缓

第四章 配偶当好"守门员",自律自省拒绝腐败进家门

刑三年,并处罚金人民币5万元。

据说曹某是一个"官迷",随着官欲的膨胀,她贪腐行为变得肆无忌惮,做了很多对不起国家和人民的事情,但是作为丈夫的王某,如果能够坚持自己的廉洁,做好一名"廉内助",发现妻子犯错之后,能够及时去规劝妻子,多在妻子面前吹"廉洁"的枕边风,可能妻子便不会偏离廉政的轨道;如果妻子将大量赃款带回家,作为丈夫的王某能够及时制止,并让妻子将赃款还回去,妻子也一定不会走向贪腐的深渊。

自古以来,人们常说"家有贤妻,家宅才安",同样的道理,王某作为曹某的丈夫,并且作为某家保险公司的区域副总经理,如果能够提高防范意识,时刻警戒警醒,当个"廉夫",按照其家庭正常收入也可以生活得相当不错,可是偏偏在明知妻子犯罪受贿之后,不规劝妻子,反而帮助妻子藏匿赃款,帮着妻子贪污犯罪。等到东窗事发,自己也难逃法律制裁。

通过王某的案例,我们可以看到家人当好"廉内助",做法律党政的"明白人",对家庭成员常吹"廉政风",筑牢"家庭防火墙",督促家人廉洁为公,营造清廉家风,才能构造廉洁清正的幸福家庭。

"廉内助"是时代赋予领导干部家属的新责任。在家庭生活中,不仅只要领导干部一个人行廉洁之事,更要求家庭成员集体做到廉洁行事。当好"廉内助"是正风化腐的需要,也是强化对领导干部监督的时代任务,同样,也是构建和谐幸福家庭的需要。

包公清廉正直的事迹被世代传颂,世人都知包公为"包

弘扬好家风，当好廉内助

青天"，而在他的清廉背后，离不开妻子董氏的功劳。

董氏自幼读书识字，有着很好的教养，在与包公成亲时，包公还没有入仕为官，她便劝说包公去参加科举为国家出力，并承诺孝敬包公双亲，这让包公少了后顾之忧。在包公考中进士之后，被派去做知县。因为父母年迈，不放心年迈的父母，他便依然辞官回家照顾双亲，妻子知道此事之后，没有责备包公，反而十分敬佩包公，她理解丈夫"先尽孝后尽忠"的心愿，便心甘情愿地陪伴包公在家孝敬双亲。

董氏不但明大义，而且勤俭持家，当包公升职为枢密副使，参与执掌国政时，董氏也被加封为永康郡夫人。按照礼节，董氏需要进宫对皇后表示谢意，她在进宫的时候，并没有穿诰命的服装，而是穿着普通百姓的衣服，这让皇后十分感慨，对身旁的宫女说道："包夫人的穿着足以看出包拯是一个不谋私利的官员。"

董氏在生活上对包公悉心教导，在政治上也十分支持包公。一次包公向宋仁宗直谏时，因为情绪激动，不小心将唾沫喷到了宋仁宗脸上。虽然皇上没有当朝责备他，但是回到家中，他内心忐忑而自责。此时，善解人意的董氏听了之后，庄重地对包公说："你是在为国家进言，就算是皇上责备你，我也和你一起承担惩罚，希望你以后在朝堂上继续为国家和百姓直言。"

可想而知，有这样的妻子，又有哪个丈夫会贪污腐败呢？古代如此，在现代也是如此，在家庭生活中，如果妻子或者丈夫，能够做到廉洁，伴侣一定也会拒绝贪腐，祸事自然不会找上门。

俗话说每一个成功男人背后有一个好女人，同样，每一个廉洁的官员背后一定有一个"廉内助"。领导干部家属不仅要当好贤内助，更要成为廉洁自律的"廉内助"。

廉内助要当好家庭的宣传员。作为领导干部的家属就多了一项责任，即在生活中，要多对领导干部说一些廉洁奉公的话，在其事业出现困难时，要能够坚定信念，鼓励其不忘初心。在事业顺利的时候，及时提醒他们，不要忘乎所以，要对政治生命充满爱护之心。

廉内助还要当好家庭的监督员。在家庭中，要对领导干部有针对性和说服力的监督。发现他们出现违法乱纪的苗头，一定要劝诫其提防犯罪，更要将腐败现象消灭在萌芽状态。廉内助要提醒领导干部以党政国法约束自己的言行，更要严格要求自己的言行。珍惜家庭的幸福生活，督促他们做到自重、自律、自省。

"家有良妻，如国有良相"，对于领导干部来讲，"家有良偶，如有良伴"，作为领导干部的家属，要坚持廉洁齐家的信念，不忘权力之威严，不图私利，成为廉内助，才能让家庭更和睦更幸福。

2. 不吹枕边"贪腐风"，只吹枕边"廉洁风"

世人经常将伴侣之间说的悄悄话比作"枕边风"。此"风"虽不大，但威力却不可小觑，尤其是对于领导干部来讲，真可谓是成也此

弘扬好家风，当好廉内助

风，败也此风。

枕边人会将自己的情绪和处世哲学"传播"给领导干部，这在很大程度上会左右领导干部的思想，甚至会影响领导干部的为政之风。夫妻本是"至亲至爱"，彼此之间存在着信任，因此伴侣之间的建议往往更容易被接受。所以，如果配偶吹的是枕边"贪腐风"，领导干部很容易被这股"歪风"吹晕，分不清公与私，辨不明是与非。如果配偶吹的是枕边"廉洁风"，领导干部大脑会更加清醒，做事情会掌握分寸，做到明是非对错，懂公私分明。

从古至今，吹"枕边风"吹得好的能让领导干部事业更顺，而吹得不好的，能将家国吹散。比如，苏妲己的"残暴风"，让纣王杀死了丞相比干，逼反了大将黄飞虎，最终，大好江山被武王所取代。又比如，美貌出众的貂蝉，利用"枕边风"让董卓与吕布父子大动干戈，最终反目成仇。

观古论今，一些腐败分子落马，在其背后也会涌现出"贪内助"，而一些清廉官员，身后也少不了"腐内助"。"贪内助"吹的枕边风会让掌权者大脑变得不清醒，甚至忘记自己肩负的使命，忘记自己"廉洁为公"的初心。

☆ ☆ ☆ ☆ ☆ ☆

某市原市长肖某走向犯罪道路，其妻子便"功不可没"。肖某就是被妻子的"枕边风"吹迷了眼、吹迷了心。肖某的妻子便利用其手中的权力，疯狂敛财，收受贿赂。开始的时候，肖某斥责妻子不该收别人的礼物，妻子却说："这年头，收礼很常见，你别傻乎乎的有权不用，不趁你现在当官多挣点钱，等你退休了，也没人说你的好。"

妻子一次这样说，两次这样说，说的次数多了，肖某也觉

第四章 配偶当好"守门员",自律自省拒绝腐败进家门

得习以为常了,甚至觉得妻子说得很对,于是他便利用自己的权力,开始拿钱办事,甚至做一些不法勾当。

☆ ☆ ☆ ☆ ☆

通过这个案例不难看出,贪官的背后往往有一个"贪内助",所以领导干部的配偶一定要重视"枕边风"威力,在向掌权者吹"枕边风"之前,一定要想清楚自己所说的事情是否已经违背了法律法规,是不是会影响到掌权者的前程和事业。如果自己吹的"枕边风"会玷污掌权者的清白,影响家庭稳定,那一定要管好自己的嘴。当然,如果自己的"枕边风"能使掌权者勤政爱民、清白为官,那才是吹对了"枕边风"。很多家属却没有这样的想法,也没有这样的思想觉悟,认为自己利用掌权者的"权","挣"点钱,这是再正常不过的事情。久而久之,官员本人也会丧失警惕,失去了为官的原则,伸出不该伸的黑手。下面的案例就是很好的证明。

☆ ☆ ☆ ☆ ☆

某市原副市长魏某也是被"枕边风"吹散了"清廉之心",走上了贪污纳贿的道路。

魏某本来是十分清廉之人,他为了躲避别人给自己送礼,逢年过节都躲到亲戚家,这样做既能不收礼又不伤害送礼人的面子。但是他万万没有想到,妻子侯某却不这样想,她不但斥责魏某不收礼,还经常吹"枕边风","教育"魏某:"你胆子怎么这么小,别人都不怕收礼,你怕什么,再说也不是你自己要的,都是别人死皮赖脸送上门的。真不知道收礼能收出什么事情,我看你就是胆子太小。"

一次、两次……逐渐地魏某也开始公开收礼,逢年过节,

弘扬好家风，当好廉内助

他再也不躲避起来了，甚至会为了多收钱，故意为难一些商人，逼着他们"孝敬"自己。最终，在妻子的一次次煽动下，他收受贿赂高达500万元，终究被判入狱，而妻子也被判了刑，家庭变得支离破碎，这就是"收礼"的后果。

"廉内助"整天在配偶身边吹清正之风，自然可以帮助配偶做清白之人，而"贪内助"整天对着丈夫的耳朵吹的是腐败风、贪污风，向其灌输"以权谋私""有权不用过期作废"的思想，同时帮着掌权者去收钱纳赃，这样的家庭终会变得支离破碎，走向犯罪的深渊。

某市机关事务管理局原局长张某原本是个安贫乐道的廉洁干部，入党20年来，他一直严格要求自己，从来不占国家一点一滴的便宜，就连自己家住的房子都是20年前的旧屋子。其妻子却不甘于现状，她经常抱怨道："我嫁给你算是倒八辈子霉了，别人都是官越当越大，而你呢？十年如一日，家里连个像样的汽车都没有，真不知道你这官当得有什么意义。"

妻子无休止地抱怨，张某也开始怀疑自己从政的意义是什么，逐渐地，他改变了思想，他觉得自己应该满足家人的要求和需求，于是开始利用手中的权力，谋起了"私利"，最终在退休前，被捕入狱。

类似这些被"枕边风"吹晕了头的官员并不少见，为官者需要管控自己。同时，也要让家属保持冷静的头脑，更要吹好"枕边风"。家属要善于吹廉洁的"枕边风"，让整个家庭都充斥着和谐的清正之气。

家属一旦发现掌权者有了"歪念",一定要及时纠正,并告诫其不可做违背党纪之事。所以,家属要吹廉洁之风,不要吹歪风邪气,更不要吹"腐败"之风,要让掌权者知道,只有自己好了,家庭才能稳定。

成就廉洁之家不是掌权者一个人的事情,而是所有人的事情,不要因为家属的"枕边贪腐风"影响了自己为官为政的初心,更要杜绝家属做出违反党纪之事。只有这样,家庭才能和睦稳定,家庭成员才会永久地自由和幸福。

3. 不搞圈子文化,不办"官夫人"派对

俗话说得好:"物以类聚、人以群分。"在当今社会,各式各样的人都有。有的人喜欢每天吃吃喝喝、纸醉金迷,有的人贪图享乐、灯红酒绿,也有踏踏实实、老老实实干事的人。作为领导干部的贤内助,与什么样的人交朋友,参与什么样的圈子,直接反映了自己的世界观和价值观。同样,不同的朋友和圈子对自己的影响也是巨大的。

作为领导干部的配偶,需要端正自己的交友观,净化自己的社交圈,选择交友必须要警惕三种人:挣钱不多但是特别能花钱的人;爱阿谀奉承之人;官不大但是特别能张罗事的人。作为领导干部的配偶,当你身边出现了这三种人时,你就应该反思,谨防自己被爱花钱的人影响,自己也成为爱花钱的人,或者成了爱听阿谀奉承之人,又或者成了

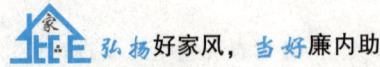

官员争相给"办事"和"讨好"之人。

✦ ················ ✦ ················ ✦ ················ ✦

某市建设银行原行长张某，曾被评为市里的"劳模"，就是这样的人，却被妻子的"好兄弟"害进了监狱。这究竟是怎么回事呢？

张某的妻子杨某是一位家庭主妇，闲暇时认识了同一个小区的李女士，她是某局副局长的妻子。杨某心想和李女士处好关系，没准儿以后有需要她帮忙的时候。

李女士十分爱打扮自己，不仅如此，李女士喜欢买奢侈品和时尚用品，久而久之，杨某对奢侈品也产生了兴趣。李女士有打麻将的爱好，她拉拢杨某一起去打麻将，杨某在麻将桌上认识了潘某，潘某是一位房地产开发商，他了解到杨某是银行行长的太太，便开始故意说一些阿谀奉承的话，逐渐杨某对潘某也产生了信任。再加上，潘某以"弟弟"之名送给杨某一条价值一万的项链，杨某便彻底将潘某当作了自己的"好兄弟"。

而这位"好兄弟"却看上了杨某丈夫手中的权力，瞄上了一沓一沓钞票，充分利用自己善于讨好巴结的优势，一步步将这位行长夫人及这位行长拉进了监狱。

✦ ················ ✦ ················ ✦ ················ ✦

领导干部要遵循"交普通群众，交基层干部，交模范人物，交专家学者"的社交观，作为掌权者的伴侣，需要自我净化社交圈，帮助掌权者美化工作圈，注意严格要求家人和身边的工作人员。作为领导干部的家属，更应该关注亲人"八小时之外"的生活圈、社交圈，严格

第四章 配偶当好"守门员",自律自省拒绝腐败进家门

自律,谨慎交友,千万不要搞"官夫人"派对,更不要做有损官员清廉之事。

所谓"官夫人"派对指的是官员家属拉拢其他官员家属,形成一种特殊利益群体,这个群体的形成就是为了"互惠互利"。有些官员落马成为阶下囚,就是因为其家属交友不清,喜欢拉帮结派,甚至还会为了结交一些有权有势的官员家属不辞辛劳为对方办事儿。当一个人的交友充满了目的性,那么交友便会存在利用关系,所交之友就变成了"利益伙伴"。作为领导干部的家属,一旦以利益为目的进行交际,很容易掉进贪腐的陷阱。

◆◆◆◆◆

在某省,有这样的一个人物,他既不是高官,也不是富商,既没有学问,又没有什么高级技能,但是每到逢年过节,当地不少大小官员拎着厚礼拜望他。就这样的一个人,在短短几年里,成了当地的千万富翁。那他究竟是做什么的,通过怎样的方式发家致富的呢?

他就是当地的黑社会团伙的头目陈某,他不仅涉嫌贩毒,还组织妇女卖淫、开设赌场等。就这样明目张胆地做违法违纪之事,为何无人敢去抓捕他?

陈某有一次喝了酒在人前炫耀:"你们信不信?我打电话让市委书记来,他立刻就会来。"在场的人自然不信,陈某立刻拨通了电话,没过多大一会儿,时任市委书记的邓某便赶了过来。陈某和邓某如同自家兄弟一般,在饭桌上说话也毫无顾忌。

那么,一个堂堂的市委书记为何会被一个地痞流氓牵着鼻子走呢?

原来在早年间,邓某的妻子因为结交了几个官太太,几个

弘扬好家风，当好廉内助

人打算投资做点事情，但是资金不足，经过朋友介绍，陈某便认识了邓某的妻子，还主动向其输出资金，就这样邓某的妻子获得了一笔创业资金，而后因为公司经营不善，最终邓某的妻子赔得血本无归，而陈某不但没有去索要这些钱，反而又拿出一些钱，让邓某的妻子去做其他的投资。一来二去，邓某的妻子便将这位"金主"介绍给了邓某，接下来，陈某又帮助邓某做了几项"面子工程"，邓某政绩卓越，才升职为市委书记。从此之后，邓某与陈某便成为无话不说的好友，陈某所作所为，邓某也是睁一只眼闭一只眼，而陈某也经常给予邓某"好处费"。

最终，陈某被判处无期徒刑，剥夺政治权利终身，并没收个人全部财产。而邓某因为妻子的缘故也被陈某拖下了水，成了阶下囚。

☆ ☆ ☆ ☆ ☆

对于领导干部的另一半，既可能是镇守在配偶人生十字路口的一名"警察"，又可能是促使思想膨胀的"催化剂"。常言道："知夫莫如妻。"在生活中，配偶的一言一行，都应该遵从清廉之风。作为领导干部的家属，更应该懂得如何去进行自律自省，绝对不去为了掌权者的仕途拉帮结派，更不去搞官员家属聚会。

作为领导干部的配偶，无论你在什么岗位上工作，都要端正自己的交友观，坚决不为权力拉帮结派，也不为利益参加任何官员家属组织的聚会。要做到清清白白为人，不扯领导干部的后腿。

英国名人丘尔契说："世界上没有比交友不慎危害更深的东西了，因为它种下的是疯狂，收获的是死亡。"可见，世界上结交朋友是存在风险的，尤其是对于领导干部来讲，不仅要约束自己，更要约束家属，杜绝家属因"利"交友，更要杜绝配偶拉帮结派。否则，领导干部也

第四章 配偶当好"守门员",自律自省拒绝腐败进家门

会因为家属的拉帮结派而陷入贪贿的陷阱。

作为领导干部要避免拉帮结派,拒绝搞利益输送,而领导干部配偶更应该坚守这一信条,避免自己成为不法之徒的牟利工具,更不要因为自己的一时贪念,置整个家庭的安危于不顾。因此,要做领导干部的"廉内助"就不能搞权力输送,更不允许自行其是、阳奉阴违。

4. 不攀不比,养成合理的消费观

攀比多半指的是不顾自己的情况,盲目地与高标准相比,从心理上来讲,是别人拥有的自己也想要得到,这种思想归根结底是贪欲在作祟。要想成为廉内助,必然需要从内心平衡消费观念,既不妒忌别人所得,也不羡慕别人所获。作为领导干部的"廉内助",自然要摒弃一切贪欲和攀比心,否则很容易因为贪而受贿,因攀比而生活奢靡无度。

要成为配偶的廉内助,不仅要约束自己的贪欲,更不能因为贪图享乐而怂恿对方谋私利、搞特权。要知道攀比心能够让一个人失去理智,更能让一个人走向腐败的深渊。

☆　☆　☆　☆　☆

张某因受贿被判刑 13 年,导致其政治生涯彻底结束的原因竟然来自妻子的怂恿。张某的妻子沈某是一名检察官,她参加同学聚会,看到曾经不如自己的同学,现在不仅身穿名牌,

弘扬好家风，当好廉内助

还开着几十万的豪车。而自己无论职业还是长相，都不输于同学。沈某心里越想越觉得不平衡，同学会结束后，一气之下，她跑到商场买了一个价值5万的名牌香包。

沈某回到家后，丈夫张某对她的盲目消费行为一顿谴责，沈某便开始抱怨张某："你身为县级领导，手里有权都不知道用，你看我同学们哪一个不是身价千万，而我呢，买一个五万块钱的包，你就开始埋怨我，你这领导当得有什么用？"

一次、两次……沈某对张某多次"劝腐"后，张某说："我不知道钱是好东西吗？我不敢啊！"沈某说道："现在谁不贪，你只要在这个位子上，你不贪别人也会认为你贪。"

在妻子沈某三番五次吹"贪风"之后，张某开始变得"胆大"，开始他只是帮别人办点小事儿，贪点小钱，而妻子却越来越不满足现状，又开始劝说张某："贪一分也是贪，贪一亿也是贪。""你搞的这点钱还不够我买一件名牌衣服呢。"就这样，妻子的虚荣心和攀比心越来越重，而张某为了满足妻子的攀比心前前后后贪污上千万元。所谓天网恢恢疏而不漏，最终张某被妻子的攀比心送进了大牢。

类似张某的案例还有很多，妻子可以是"腐伴"，自然也可以是"廉伴"。当然，作为领导干部的伴侣，要时刻保持清醒，别有过分之想，别有过分之求。否则，攀比心会害了家人，同时也害了自己。

王某的犯罪之路便是由妻子生活过于奢靡开始的，在王某当上局长之后，妻子先是要求买辆豪车，在王某满足了她的这

第四章 配偶当好"守门员",自律自省拒绝腐败进家门

一个愿望之后,妻子开始沉迷于金银首饰、名表名包。为了满足自己奢靡的生活需求,妻子不止一次地劝说王某可以通过"卖官职""走人情"获得"好处费"。

面对妻子花钱如流水的消费习惯,王某彻底沦为了妻子的"提款机",他开始以各种名目敛财,不管是送上门的"劳务费",还是他狮子大张口直接索要的"好处",只要是钱,他就敢收。最终,他因受贿1000万元被送进了监狱。

☆━━━☆━━━☆━━━☆━━━☆

在家庭生活中,妻子贪,家必毁,这似乎是一条不变的定律。如果领导干部的伴侣一心只想享受奢靡生活、贪图享乐,就不会满足于现状,内心也会多了对物质和金钱的追求,自然他们会希望借助另一半手中的权力来实现快速谋私利的目的。可见,伴侣的消费观念关乎一个家庭是否能做到廉洁。作为领导干部的伴侣,如何养成合理的消费观呢?

(1)量入为出,适度消费。要做"廉内助",就要学会平衡家庭收支,根据家庭成员的收入,合理地安排支出。不仅如此,要在家庭可以承受的范围之内,合理地安排费用支出。不要不观"收入整体",只想获得享受。

(2)不要盲从,理性消费。不去羡慕别人的生活,更不去与他人进行物欲攀比,要做到不盲目支出,这样便不会出现"奢靡消费"的现象。作为领导干部的廉内助,要克制自己的私欲,同时要根据家庭实际情况实现理性消费。不因为自己盲目消费,给伴侣施压,更不要因为自己的不理性消费,导致伴侣出现贪腐。

(3)节俭度日,不求奢靡。不得不承认,勤俭节约可以让消费趋于合理,奢靡势必会让家庭消费变得"无度"。因此,作为领导干部的配偶,要做到勤俭持家,避免奢侈无度,这也是避免家庭贪腐的一种自

弘扬好家风，当好廉内助

我净化的手段。

作为领导干部的伴侣，有责任去帮助对方避免掉入贪腐的陷阱。当我们不做"廉内助"，成为爱慕虚荣的"贪内助"后，伴侣势必会被连累，在现实生活中这样的例子并不少见。

于某曾任某医院副院长，他因为贪污受贿被判刑。经过相关机关的审查、询问，发现于某跟以往的犯罪嫌疑人有所不同：他从来不出入高档会所，更没有不良的嗜好，就连他的同事对他的评价都是"生活上极为节俭"。那么，究竟是什么导致这位年近六旬的医学博士跌倒在即将退休的道路上呢？

究其犯罪的原因，发现于某的妻子张某乃是罪魁祸首。原来在2006年的时候，于某与妻子张某结婚，妻子张某比于某小8岁，再加上于某是再婚，妻子张某又貌美年轻，这就让于某更加珍惜这段婚姻。而张某的生活很奢靡，经常会出入各种高档会所，美容、健身、旅游、购物，于某的固定工资自然无法支撑妻子如此高的消费水平。

面对妻子的奢靡消费，于某选择纵容，但是他必须想办法"赚钱"，这个时候他正好升任医院副院长，于某利用职务之便，开始走上了长达12年的贪腐之路。在这12年里，他非法收到他人财物共计480余万元人民币，这些贿款都由妻子张某保管和使用。

2019年，于某被移送到山东省人民检察院，他双鬓斑白，站在被告席上，原本即将安度晚年的于某最终被妻子的奢靡无度送进了监狱。

由此可见，一方的贪心，会害了伴侣的一生。而真正的廉内助，不会追求奢靡的生活，更不会贪得无厌。当一个人开始肆无忌惮地追求物质生活，不假思索地穷尽物欲享受时，他不会去思考后果多么严重，更不会思考结果多么可怕。作为领导干部的配偶，要成为"廉内助"，就应该站在配偶的角度去思考问题，不与他人攀比，不去追求奢靡的生活，建立合理的消费观，最终帮助伴侣成为一个"廉正"之人。

5. 吾日三省，扎牢廉洁自律"篱笆"

曾子说："吾日三省吾身。"意思是说每天要多次反省自己的行为和思想，避免自己犯错。圣人如此，我们平常人在生活中更应该每天进行自省。当然，自省的目的是要发现行为或思想上的错误，及时避免错误发生或者在认知错误后改正错误。

作为领导干部要注意自己的工作习惯，反省自己的思想和行为。对于家庭成员来讲，更是需要反思自己的行为，养成自省的生活习惯。毕竟领导干部手中掌握了公共权力，很容易成为某些人"围猎"的首选对象。作为领导干部的家属，也很容易成为一部分人极尽吹捧拍马的对象，也很容易成为腐败分子攻击的对象。再加上部分家属知识水平不高、政治觉悟低，很容易在腐败分子溜须拍马中迷失自我，从而成为权力传输的工具。领导干部的家属如果缺乏自我反省的意识，便很难意识

弘扬好家风，当好廉内助

到自身所作所为的危险性，同时也容易沦陷成为腐败之徒。

✩┈┈┈┈✩┈┈┈┈✩┈┈┈┈✩┈┈┈┈✩

郝某为一家省级医院的院长，他本是县里的医生，因为工作突出，业务精湛，经过踏实的工作，最终胜任为省级医院的院长。在外人眼里，他是一个清正廉明之人，他从来不安排自己的亲属在医院工作，更不利用职务之便收别人的礼品。然而，就是这样一个在众人眼中的"好院长"，却成了万人唾弃的"巨腐"。

在2016年时，其妻子的表弟为某医疗器械的销售代表，为了帮助表弟完成销售业绩，妻子硬生生将一套十几万元的医疗设备强塞进了郝某的医院。郝某劝说妻子，做事要想到后果，妻子却说道："你是院长，他们谁敢举报你。再说我表弟给你们的这套设备，治疗疾病的效果很不错。"

不仅如此，妻子不但不反思自己的行为，反而更加贪婪了，她利用郝某院长的身份，收取患者的红包和礼品，还帮朋友的孩子安排进医院工作。在做这些事情的过程中，郝某虽然没有参与太多，但是他件件知情，而妻子在整个贪污腐化的过程中，丝毫没有意识到自己的错误所在，更没有反思自己的行为有什么不妥。

一次，妻子收到了一个朋友送来的礼盒，朋友希望郝院长能够让他的儿子进医院当医生，而他的儿子无论是学历还是经验都不符合当时的招聘规定。妻子却丝毫没有犹豫，豪爽地答应了。郝某知道之后，再次劝说妻子，让妻子赶快收手，并将装满现金的礼盒送还回去，但是妻子执意不听，还强词夺理地说道："就你胆小，我反省有什么用，我反省能换来大房子

第四章 配偶当好"守门员",自律自省拒绝腐败进家门

吗?"面对妻子的坚持,郝某也没有办法,只好睁一只眼闭一只眼,听从妻子的安排,将朋友的儿子安排在自己医院工作。

最终,郝某以贪污罪被捕入狱,而妻子也难逃制裁,家庭四分五裂。

☆　☆　☆　☆　☆

作为领导干部不仅要严格地要求自己,更要严格要求家属,并让家属每日反省自己的行为,改正错误,避免被贪污腐化之风侵蚀。作为领导干部的配偶,要如何做到自我反省,从而多一些自我"雕琢"呢?

(1) 要自省"做了什么"

作为掌权者的配偶要学会并习惯于对自己一天的行为进行自查,问问今天自己到底做了哪些事情,自己是否为了私利而用了公权,是否贪图享乐而纸醉金迷。家属要知道自己每天都"做了什么",这样可以查找问题与距离,避免自己的行为出现纰漏,让自己及掌权者陷入贪腐的旋涡。

(2) 要自省"为了谁"

领导干部执政为民,要坚持权为民用、情为民所系、利为民所谋,自然就会注重问世于民、问计于民、问需于民。而作为掌权者的配偶更要明白自己做事情是为了谁,既为了家庭的和睦与稳定,为了掌权者的事业与前途,更是为了自己的名誉和后代的前程。当配偶明白这点后,他便明白自己什么该做,什么不该做,什么事能做,什么事坚决不能做。

(3) 要自省"怎么样"

在家庭生活中,掌权者配偶需要反思自己的行为究竟产生了怎样的后果或效果。无论做什么事情,都要明白自己既然成为领导干部的配偶,那就要承担其家庭助廉的责任,这就意味着自己必须考虑所作所为

产生的后果，当配偶意识到贪腐后果的严重性之后，自然不会去贪污去纳贿。

懂得自我反省的领导干部配偶，往往能够在自己贪欲与错误中止步，这对成就清廉之家十分重要，而配偶要做到廉洁自律，扎紧家庭自律的"篱笆"，谨防腐败越过"篱笆"钻进家门。

成都市某街道在学习"家庭助廉"活动时，一位厅级领导家属在倡议书上写道："我深知自己不单纯是一名家庭主妇，我不仅要管好家庭中的琐碎事情，我还要承担起反腐倡廉的家庭责任，避免因为自己的行为不节制，导致家庭倡廉失败。我给自己定了一个规矩，每天晚上都要写日记，记录自己一天都做了什么，通过记日记的方式来进行自我反省，将贪欲与腐败之风扼杀在摇篮中。除了每天记日记，我还会对每个上门拜访的人进行分析，如果单纯地沟通友情，我十分欢迎，如果是'求办事'，那我只能下达逐客令。"

对于一个家庭来讲，全家健康和睦，便是最大的幸福。只有家庭成员做到自省，避免出现贪腐的行为，这样才能保住家庭和睦，才能让掌权者前途光明。没有人希望家庭支离破碎，更没有人希望政治前途一片黑暗，要真正做到廉洁，离不开领导干部保持为政初心，作为掌权者的廉内助，更要做到清廉为本。

6. 擦亮眼睛,别掉进"人情"的陷阱

我们国家是一个讲究人情的国度,那么究竟什么是人情?在我国传统文化中,人情包括人之常情、恩惠、情谊,也包括情面和礼节应酬等。无论是在生活关系中,还是政治关系中,人情都会浸润着我们的内心,至今仍有着极高的心理文化认同。比如,"投桃报李""在家靠父母,出门靠朋友""礼轻情义重"等传统观念在人们头脑中已经根深蒂固。很多时候人们做事情都是为了人情的满足,然而,人情并非只有正面作用,没有负面、世俗的一面。

不可否认,我们或多或少都受过人情的困扰,有时候甚至被人情压得无法呼吸。对于领导干部来讲,需要正确地对待人情,要正确处理人情关系,不要为人情所诱,避免将人情看得高于一切,更不能将人情凌驾于人民利益之上。作为领导干部的另一半,要严把家门,不要因人情而收受贿赂,更不要因为人情走上犯罪的道路。作为领导干部的廉内助,要帮助伴侣认真面对和妥善处理各种人情关系,让人情关系成为成就自我的积极因素。

张峰(化名)的妻子是省税务局的副局长,妻子的工作性质意味着她天天和钱打交道,但是张峰很清楚,妻子之所以

能够胜任这个职务，是因为妻子一直保持廉洁自律的作风。而张峰在家庭生活中，也做到了洁身自好。虽然张峰和妻子的家庭不算多么富裕，但是他们甘于朴素的生活，在妻子升任副局长的两年时间里，他为妻子抵挡了"人情礼"不下五十次，张峰告诫家中儿女，一定不能收别人的礼品，他与家人一起营造了清廉好家风，为从政的妻子筑起了一道廉洁自律的家庭防线。当然，不收"人情礼"势必会伤了人情。张峰的大学同学拿着厚礼来拜访张峰，目的是希望其妻子能给自己孩子"开后门"，将孩子从县税务局调到市税务局工作。张峰委婉地说道："她只是一个小小的副局长，她做不了主。"

同学不肯罢休，说道："副局长怎么了，调个人过来也是常有的事情，再说我家孩子在县税务局已经工作两年了，经验也很丰富，不会给弟妹找麻烦的。"

"我是真帮不了你，你是不知道，我妻子主管的是业务，她不管人事调动的事情。"张峰再次婉言拒绝。

"我知道让弟妹受累了，这是我专门从西藏带回来的两盒冬虫夏草，听说药用价值极强。"同学边说边打开礼物，张峰能够看到里面塞满了钱。

"老同学，这不是钱的事，是我妻子真的帮不了你，如果你再拿钱来贿赂我们，那我们连同学都没得做了。"张峰严肃地说道。

同学看到张峰是真的不帮自己忙，便不再多说，拿着礼物起身走了，边走边嘟囔道："真是发达了不认人了，同学情都不顾，看以后还有哪个同学敢来联系你。"

张峰自然看到了同学生气的表情，也听到了同学气愤的话

第四章 配偶当好"守门员",自律自省拒绝腐败进家门

语。但是张峰没有后悔自己的决定,张峰之所以能够严把家门,是因为他先守住了自己的"心门"。

在当今社会,充满了诱惑和陷阱,张峰意识到,妻子作为一名税务机构的领导干部,面对诱惑很多,这就需要自己时刻保持警戒心,否则就会陷入贪贿的泥潭无法自拔。在现实生活中,身为领导干部的家属,只有时时敲响警钟,使掌权者绷紧廉洁这根弦,才能真正地做到"常在河边走,就是不湿鞋"。

近些年,随着全国反腐力度的加大,这让贪腐分子收敛了很多,但是作为领导干部的伴侣,依然属于反腐的盲区,很容易成为腐败行为的"大后方"。如果家属的党规法纪意识差,便很容易受到腐败的冲击。例如,一些人打着"人情"的幌子,利用家人升学、住房等借口进行行贿,这很容易令人放松戒备,所以家属成员要警惕"人情"的幌子,擦亮眼睛,避免让整个家庭陷入贪腐的旋涡。

我们的传统文化的确倡导"礼尚往来""人情往来",这种往来很正常、很普遍,也是很难避免的。如果真是正常交往,也是可以理解的。但是,现在很多"人情往来"已经变了味、走了形,被一些不法之徒当作谋取私利的挡箭牌、遮羞布。而那些别有用心之人之所以会以此来做幌子,还是抓住了一些贪官及贪官家属想贪不敢贪的心理。于是,这些人用这种看似合理、合法的方法来帮贪官牟取不义之财。

在打击腐败犯罪的过程中,很多贪官惯用的手法就是利用逢年过节、婚丧嫁娶、乔迁进宅等机会,变相地以"礼"的方式来贪污纳贿,可谓是不显山不露水地向当事人进行行贿、拉拢、腐蚀。对于那些意志薄弱的贪官,他们想要"退",也很少能够退回,当然,收下了别人的钱财,也就替别人顶了灾祸,这也就是贪官需要付出的代价。

弘扬好家风，当好廉内助

打着"人情往来"的牌子来谋取私利，看起来是对双方都好，其实这样做是在藏污纳垢，很多腐败分子不清楚什么是"感情投资"，而对于廉洁的干部和家庭成员来讲，他们清楚什么是"感情炸弹"，什么是"感情陷阱"。

☆ ☆ ☆ ☆ ☆ ☆

某开发区管委会原副主任李某因受贿被判处有期徒刑13年，并且剥夺政治权利5年。李某的落马和一家商贸公司的老板赵某脱不了干系。

在2010年，赵某经营的商贸公司因为资金短缺，几乎要破产，在百般无奈之下，他通过朋友认识了李某，于是，赵某开始对李某展开"感情攻势"。赵某不但请李某吃饭喝酒，还经常给他送名烟名酒。而李某的胃口也越来越大，他开始只是吃吃喝喝，逐渐地开始公开索要"好处费"，赵某只好想办法筹集钱，给李某献上了一个60万元的红包。

☆ ☆ ☆ ☆ ☆ ☆

实际上，"感情投资"正在渐渐发展成一种新型贿赂方式。分析很多受贿案例，都可以看到长期的"人情投资"成了新的犯罪思路，他们先是用小恩小惠与官员拉近关系，之后逐渐地加大筹码，在感情培养的基础上，深化人情的作用，从而顺理成章地与官员成了利益共同体，这也就是民间说的"平时多烧香，急时有人帮"。因此，这就要求领导干部明白，对于那些莫名而来的"友情"，要有提防之心。作为领导伴侣，对待这种"人情"更要能够分辨是非对错，避免因为假人情断送了家庭幸福。

正所谓"撼人心者，莫先乎情"。家属只有真正地去关心别人，才能够赢得真正的情谊。作为干部的家属，一定要以健全的心智、良好的悟性去处理"人情礼"，同时，更要把握人情的底线，既要讲对策，又要讲原则。既能在人情往来中树立重感情的形象，又能严守清廉的原则，不要因为自己的贪心，上了"人情"的当，更不要因为不懂拒绝，将配偶拖下水。

当然，人情与原则也并非是绝对对立的，更不是只要原则不要丝毫的人情。要知道在党纪国法面前，只能是讲原则，不能重人情。对一些可以做的事情和允许彰显人情味的特殊领域，就可以适当地做人情，尽量去成全别人。家庭成员既要防范"人情"陷阱，又不能不讲一点"人情"，变成别人眼中的冷血动物，所以这就要求家属能够拿捏好分寸，分辨清楚真人情和假人情。

人情之中有原则，原则当中有政治，领导干部及家属要时刻警惕人情掩盖下的违法交易。不仅要保持健康向上的人际关系，更要在人际交往中做到自尊自爱，不给打着"人情"幌子的人有机可乘。要敢于对那些打着人情幌子的行贿行为说"不"，切实处理好原则和人情之间的关系，做到既重感情，又要讲原则。既要家庭生活和睦，又要保证家庭的稳定。既要当好廉内助，又要为爱人处理好人情关系，成为真正的家庭"廉洁官"。

弘扬好家风，当好廉内助

7. 无功不受禄，不做"保护伞"下的"贪"内助

俗话说得好"天下没有免费的午餐"，白送的东西往往并不是好东西，有朝一日很可能因为这些"白送礼"毁掉一家人的幸福，这一点，作为领导干部的家属应该有清醒的认识。要知道每一宗贿赂之后都是"定时炸弹"，说不定哪天就会炸得人魂飞魄散、家破人亡。家属心里要明白，别人送的钱财会让掌权者失去大好前程，还会让家庭幸福化为灰烬，甚至连自己都会失去自由，这样的教训可谓是多不胜数。

"礼尚往来"似乎成为中国人办事的一种方式，在中国历史上，官员们也是不允许随便收礼的。汉代的时候，官员收礼是可以定罪的。汉景帝对历史的贡献蛮大，他身为皇帝，却生活简朴，他特别厌恶贪腐行为，在他在位期间，就规定，官吏在任免调动时如果出现收礼现象，有爵位的要削爵，没有爵位的，罚金二斤。可见，古代统治者一样厌恶贪腐送礼现象。

☆----☆----☆----☆----☆----☆

作为市级领导的专职秘书，找王冠宇（化名）办事的人每天都有，这些找王冠宇的人，多半是希望通过他接近领导，从而挖空心思打通关节，当然也有希望从王冠宇口中了解领导行

第四章　配偶当好"守门员"，自律自省拒绝腐败进家门

踪与爱好的，有些是希望王冠宇能给自己在领导面前吹吹风。

一次，一个搞工程的朋友想请王冠宇帮忙疏通一下关系。这位朋友的行为很老练，他手里拎了一个盒子，外表看起来很朴素，其实里面是一件价值上万的艺术品。王冠宇看到礼物之后，便开始担心，他知道这些人送来上万的礼品，自然需要自己帮他们做上百万的事情。王冠宇坚决不收，朋友只好灰头土脸地回去了。

朋友走后，王冠宇便没有多想，他下班到家，发现门口有一个盒子，便问妻子这买的是什么东西，妻子说："这是你的朋友，就是那个搞工程的朋友，他来家里找你，你不在，他就坐了一会儿走了。"

"这是他带的礼物？"王冠宇意识到问题的严重性。

"对啊，我看不就是一件普通的艺术品吗？"妻子轻松地说道。

"你啊，你知道吗？这件艺术品价值上万呢。"王冠宇着急地说道。

"这么贵重，我要是知道这么贵重，我肯定不能要啊。"妻子也急忙解释道，"那可怎么办？"

王冠宇知道妻子是一个家庭主妇，她从来没有贪污纳贿的心思："咱收了别人的礼品，就要替别人办事，这是违反党纪法规的。白送的礼物以后不管是什么都不能收，即便是水果也不能收。"

妻子看到丈夫严肃的表情，连连点头，并解释道："我知道了，别人送礼都是冲你的权力来的，这个我清楚，我以后会更加谨慎的。"

弘扬好家风，当好廉内助

第二天，王冠宇买了水果，将朋友带的艺术品换了一个新的包装，并带上艺术品找到了那位朋友，对朋友说道："你去家里拜访，我也没在家，你嫂子也不懂什么待客之道，今天我来你家拜访，算是回拜。"

走的时候，王冠宇将艺术品和水果都留下了。

王冠宇明白自己手中的权力是别人送礼的目的，他们希望通过送给自己好处的方式来获得更大的利益回报，而天下没有白送的礼，王冠宇坚持自己的为政底线，并要求妻子不能触碰法律底线，这才避免了歪风邪气进家门。

但是在腐败的案例中，不少领导干部的贪腐都是因为家属的"不廉洁"造成的。这些家属会借助掌权者手中的权力，谋取私利，将权力当作是自己的"保护伞"，站在"保护伞"下肆无忌惮地去收"白来礼"，发"贪腐财"。

某市财政局原副局长谢某因贪污罪被判入狱，与其一起被抓的还有妻子孙某。在谢某升任副局长的前两年，他还常常将"廉洁奉公""不占国家一分一毫的便宜"挂在嘴边，时刻提醒自己和家人。而他的妻子开始认为丈夫官位不稳，所以做任何事情也是谨小慎微，生怕影响了丈夫的政治前途。随着谢某在副局长的位子上越坐越踏实，妻子孙某开始动了私心和邪念。

谢某的儿子考上了重点高中，妻子便借机为孩子庆祝，于是，平时没有机会与谢某搭上关系的一些商人，便利用这个机会，送来豪礼。孙某则照单全收，谢某劝说孙某："不要这么

第四章 配偶当好"守门员",自律自省拒绝腐败进家门

明目张胆地收礼,这样影响不好。"

妻子却不以为然,说道:"人家送礼都是因为咱们儿子考上了重点高中,人家又不是为了找你办事儿。再说,谁家不收礼,平时朋友走动还要带上礼物去拜访呢。"

妻子的话让谢某无法反驳,从那之后,妻子的"胃口"越来越大,一位房地产开发商竟然送给妻子一套200平方米的房子,妻子也毫不犹豫地收入囊中。谢某得知妻子收礼后,他只好在财务上帮那位开发商解决资金的问题。

最终,谢某因为妻子的"爱收礼"葬送了政治前途,而妻子也因为收受贿赂被捕,最终家中的财产被没收,家中只剩下年迈的老母亲和即将高考的儿子。

谢某的妻子孙某认为"收礼"是一件很常见的事情,这不会对丈夫的政治前途造成不良影响,认为"礼尚往来"是很正常的事情,但是对于领导干部来讲,礼品不能乱收,饭菜不能乱吃,这是再简单不过的道理。

☆　☆　☆　☆　☆

作为领导干部的配偶要有拒绝"白来礼"的意识,送礼者多半是有所求或走关系,希望从掌权者身上获得更大的回报,而对于掌权者来讲,这并不是一件好事情。如果收了别人的礼,就要当别人的工具,就会出现谋私利、违党纪的事情。因此,作为领导干部的另一半应该站在掌权者的位置,多思考利弊,提高警惕,严格自律,不拿别人的一分一毫,不做利益的"传话筒",只有这样才能让整个家庭更加幸福,成就廉洁之家风。

第五章

子女端正"廉洁观",家规家教是关键

"父母之爱子,则为之计深远。"父母要帮助子女树立廉洁意识,将家庭廉洁的思想扎根于子女心中,并要求子女做到自立自强,不在父母的"权威"下搞特殊化、特权化。反之,在家庭教育过程中,子女须学习廉洁文化,在大是大非面前不可有半点儿马虎。子女更需理解父母,遵守家规家教,做到廉洁做事、清正为人。

1. 子女需帮助父母巩固廉洁意识

领导干部需要创建廉洁家庭，其子女需要发挥积极的作用。作为家庭成员，子女不仅要认识到父母是国家的公职人员，更要意识到父母手中的权力属于国家、属于人民，不属于自己。与此同时，子女应该认识腐败对整个社会和家庭的危害，端正自己的"廉正观"，树立独立自主的信念，不因自己损害父母廉洁从政之路，用自己的良言善行来影响父母，帮父母进一步加固廉洁观念，成就父母的清廉为政。

腐败行为的肆虐与父辈的成长环境有一定关系。在父辈小的时候，物质生活极其贫乏，很多官员一夜成功后，手握权力，还掌握大量物资，如果没有良好的党性修养，很容易滋生享乐主义，滋生贪腐之气。子女作为新一代的青少年，应该更加清醒地认识到腐败对经济发展和社会发展有多么大的危害。不仅如此，贪腐对一个家庭来讲是一种耻辱，子女要意识到掌权者贪腐对事业会产生不良的影响。

领导干部对孩子进行廉洁教育，还可以反作用于自己，对掌权者本人来讲也是一种提醒，能够起到"小眼睛盯大眼睛"的作用。一位官员朋友说："过年的时候，一个好久不见的朋友来家里做客，顺便拿了两瓶酒，我当时根本没有在意对方拿了什么礼物，朋友走的时候，儿子跑到门口，将酒又塞给了朋友，后来我才意识到这两瓶酒价值两千多。"

弘扬好家风，当好廉内助

张萍（化名）作为检察机关的工作人员，每年都会有朋友找她帮忙办事，有的时候她在单位，便有人带着礼物去家里拜访。张萍的丈夫在外地工作，家里就只有年迈的父亲和十几岁的女儿。不管是谁，带了什么礼物，女儿都会让对方带回去，因为女儿时刻记得妈妈说的话："别人送礼不能收，收了别人礼，就得做违法乱纪的事儿，妈妈就可能被关进监狱。"

正是张萍平时对女儿的廉洁教育，女儿看到妈妈出去和朋友吃饭，也会提醒妈妈："记得结账，不能让别人给你买单。"

可见，张萍对女儿的廉洁教育已经让女儿明白了腐败的危害，女儿也会时刻提醒母亲做一位清正廉明的好官。

2005年4月，为了将廉政文化带进校园，教育部开展了廉政文化进校园和青少年廉洁教育活动。不仅如此，从2005年起，青少年会逐渐接受廉洁教育，从而获取"反腐疫苗"。毕竟青少年是中华民族的未来，是中国的希望，在青少年的身上既存在很强的学习力，也存在"建设型"抑或"破坏型"，只有从青少年时期抓起，才能让廉洁文化根深蒂固地扎根于每个青少年的内心，这是打击违法犯罪、贪污腐化的根本措施之一。

于是，一首少儿歌谣在很多校园里流传——
你的爸妈握大权，登门送礼人真多。
拿人钱财需办事，糖衣里面裹炮弹。
尽管遮掩很神秘，百姓眼睛看得见。
贪污受贿遭举报，赃款收缴押入监。
子女提前劝家长，当好廉政宣传员。

第五章 子女端正"廉洁观",家规家教是关键

当官切记做清官,否则双规后悔晚。

子女在父母廉洁中起着巨大的作用,作为领导干部一定要重视对子女进行廉洁教育,而作为子女,更应该帮助父母端正廉洁意识。成为父母行为的监督员,避免父母沾染上腐败的恶习。

家庭是社会的细胞,孩子是家庭的一分子。子女应该承担起家庭的责任,不能单纯享受父母带来的福泽,更要懂得为父母的事业付出自己的力量。作为领导干部的子女,要懂得如何为父母分忧,不做贪腐之事,就是最大限度帮父母分忧,如果子女不能做到清清白白为人,势必会影响到整个家庭的幸福和稳定。当然,子女除了自己要做到清白为人,更要督促父母做到清正为官,在家庭中打造清正廉明的氛围,只有这样,腐败分子才没有可乘之机,腐败之风才不会侵蚀到家庭生活中。

2. 父母不搭"捷径",子女莫求"沾光"

随着生活水平的不断提高,对于现在的孩子来讲,吃饱穿暖早已不是问题,那么现在的孩子应该会感到幸福,毕竟在我们父辈的记忆里,穿暖吃饱是多么困难的事情,然而现今的孩子真心觉得幸福吗?根据相关调查发现结果并不尽然,因为有的孩子认为别人有的自己也一定要有,别人没有的自己也想要得到,这种攀比心理越来越强。攀比心理的滋长注定一部分孩子会因为物欲,希望从父母那里获得"捷径"。走捷

径，似乎成为很多子女梦寐以求的事情。尤其是对于一些官宦人家，子女依仗父母手中的权力，希望获得更多资源，这就很容易让部分"官二代"走上"仗父之名"行不法之事的不归路。

  作为干部，应该清楚地意识到对子女的爱，并不是用自己手中的权力帮子女"成才"，更不是任由子女"一人得道，鸡犬升天"的思想疯长。领导干部应该帮孩子树立正确的价值观和人生观，让孩子保持健康的心态。"人生的价值不是靠你穿什么、戴什么来体现的。"胡润富豪榜上的中国女首富、龙湖地产董事长吴亚军在一次演讲时这样说道。可见，无论是富商还是高官，都要注重孩子价值观的培养，让孩子意识到什么事情是应该做的，什么事情是坚决不能做的，这要比给孩子提供足够丰富的物质享受更有意义。

☆————☆————☆————☆

  2015年4月21日，人民网发布了一篇文章，文中写道："国家发改委原副主任、国家能源局原局长刘某认为，是儿子的'任性'，导致自己的腐败。"

  在当年，刘某犯罪的经过争相被各大媒体进行报道，这一案例也被传得世人皆知。刘某在庭审时，说到自己涉嫌受贿案在很大程度上是由儿子引起的："养不教，父之过……我的过错把孩子也毁了。"刘某从一名高级干部蜕变成为阶下囚，那主要的原因是什么呢？

  刘某自幼生活贫苦，家中姐弟较多，1971年，他在北京特钢厂工作，开始他只是一名普通的钢铁工人，1983年调到国家计委原材料局钢铁处，这是他步入仕途的开始。幼时家境贫苦，青年奋发图强，在工作中取得优秀业绩，这是许多领导干部的成长轨迹，可为何，刘某会走上违法违纪的不归路呢？

第五章　子女端正"廉洁观",家规家教是关键

"小时候的苦日子一方面激励我严格要求自己,积极上进,忧患意识强;另一方面,在我内心深处,也有过富裕生活的欲望。"刘某追忆往事时说,想过好日子,这是人之常情,无可厚非,"我觉得穷就没人看得起,就会被人轻易伤害,就没有地位、没有尊严,虚荣、好面子的思想开始在我内心深处滋生……"

刘某坦言说自己一心想要往上爬,想要当大官,这种扭曲的价值观和人生观害了自己,他将这种错误的价值观也"传染"给了自己的儿子。

在儿子上小学时,每次刘某骑车带他去奶奶家,他都不走大路,而是走小路,抄近路,由此,他还联想到自己的人生,便对儿子感慨道:"做人要学会走捷径,要做人上人,这样才能过得好,才能受人尊重。"

"从小我就觉得钱是万能的,有了钱就有了一切。"刘某儿子告诉办案人员,"后来长大后,我爸还时不时跟我提起那时候的事,当时我们都觉得以前太苦了,现在好了,他官越做越大,我的钱越来越多,终于扬眉吐气、出人头地,可以过好日子了。"

然而建立在不正当利益上的"好日子"如何能够长久?刘某内心的贪欲,也被其子学得淋漓尽致。而刘某一手给儿子设计的"捷径",也成为送儿子进监狱的"不归路"。

2006年,经人介绍刘某认识了邱某,邱某为一家民营企业的董事长,也是刘某受贿案中涉案金额最大的行贿人。

邱某得知刘某的儿子刚回国不久,便主动提出可以和其子一起做生意。之后,在饭局上,刘某将儿子介绍给了邱某,并嘱咐他"带一带儿子"。

弘扬好家风，当好廉内助

自此之后，邱某与另一位商人李某出资100万，为刘某儿子注册了一家公司，并通过虚假贸易直接输送利益达825万元。

看到不劳而获的财富，刘某儿子的贪心越来越重，他说道："我听说一些企业家利用不正当关系大肆敛财，我心想有一个当官的父亲，比他们方便……为什么不利用好呢？"

就这样，刘某儿子在刘某的"帮助"下，获得巨额不法资产，而这些财富让他更加堕落和膨胀。

东窗事发后，刘某儿子告诉办案人员："如今觉得当时我们父子都错了，抛开我们以权谋私不说，我们的人生观、价值观就错了，奋斗的原动力就错了，这也是我们父子犯罪的一个共同原因。"

"老子办事，儿子收钱"成为刘家父子的"生钱之道"，而刘某给儿子设定的"捷径"，并没有让儿子过上幸福的生活，反而毁了儿子的后半生。

诸如此类"儿子前台挣钱，老子后台办事"的贪腐模式，看似无人知晓，实质上被众人唾弃，这只是贪官污吏们进行自我安慰的一种"掩耳盗铃"的做法。

在近年来反腐倡廉案例中，这种父母以权谋私，为子女搭"捷径"，子女发财致富"沾"父母的光的情况并不少见。根据《法制晚报》记者梳理了28起家属参与贪腐的案件，发现六成均是父子联手。难道这些贪官不知道以权谋私会害了自己的子女吗？不，他们知道，他们很清楚国家的法律法规，也很清楚贪污腐败的后果是什么，只是他们心存侥幸，认为没人会发现，认为自己的贪腐很隐蔽。作为官员子女，如果心存"沾权力的光"的心理，势必会拖父母后腿，甚至会将父母

第五章 子女端正"廉洁观",家规家教是关键

带入贪腐的万丈深渊。所以,作为官员的子女,不要自欺欺人地认为"自己可以无底线地享受父母的权力",更不要打着父母的旗号,做出有损父母清誉的事情。

姚崇历任武则天、唐睿宗、唐玄宗三朝的宰相,有"救时宰相"之称,也是中国历史上的名相。唐朝开元年间,吏部尚书魏知古需要去洛阳一带进行考察,主要的目的是考察官员的政绩。当时的宰相是姚崇,他有两个儿子在洛阳当官,在离京之前,魏知古特地跑到姚府来辞行,不料姚崇对他的态度十分冷淡。原来魏知古是姚崇一手提拔起来的,来到洛阳之后,私下接见了姚崇的两个儿子,姚崇之子希望魏知古能够在皇上面前替自己美言。

魏知古便上折子给玄宗皇帝,奏章上他极力赞扬姚崇的儿子,皇帝便宣姚崇进殿,夸赞姚崇称他有两个很优秀的儿子,政绩也很好,并表示要给他们的儿子升官。

姚崇听了皇帝的话,坦然地说:"我这两个儿子才识平平,又不太擅长理政,根本不足以提拔。"唐玄宗见姚崇能秉公处理,高兴地说:"魏知古徇私,他辜负了你对他的教导,我要罢了他的官以正朝纲。"

姚崇听了说道:"是我教子不严,应该受惩罚的是我,如果陛下因为这件事情贬黜了魏知古,那人们就会说他是因为我儿子获罪的,他是在替我顶罪。"

唐玄宗听了姚崇的话之后十分赞许,便下令魏知古改任工部尚书。

姚崇为人父，他不期望儿子们"沾"自己的地位之光，于是，他将儿子的真实情况汇报给了唐玄宗。父母爱子，自然希望子孙有远大的前程，真正爱子，便是让子女做到自立自强，而不是假借父母的威望来实现自己的利益。

子女需自强，千万不要仗父母之势，做不法之事，否则只会是害了父母丢官丢命，害得自己深陷囹圄。而领导干部不要为了子女前程考虑，一心为孩子"搭捷径"，这不是在帮孩子，是在害子女。

3. 加强家庭教育，传播廉洁文化

家庭是社会的组成细胞，家庭在廉政建设中作用重大。教育、引导家庭成员自觉预防和抵制腐败，关系着整个家庭是否能幸福安宁，也关乎整个家族是否能昌盛。家庭不仅是拒腐防变的一道重要防线，更是预防和抵制腐败的重要阵地。

加强对家庭成员进行廉洁教育，增强家庭成员的反腐意识，关乎领导干部是否能够真正做到廉洁，并从根源上拒绝腐败。领导干部是子女的榜样，在加强家庭教育的过程中，要注重后代对廉洁文化的学习，只有这样，才能避免子女做出违法乱纪之事。

对家庭成员的廉洁教育，在家庭中传播廉洁文化，这就需要家庭成员之间建立相匹配的人生观、价值观。作为领导干部，如果你自身品德

第五章 子女端正"廉洁观",家规家教是关键

水平不高、自身素质水平欠佳,就无法给你的家人带来正面的影响,更无法将廉洁文化引进家门。每一位家庭成员都应该加强自身学习,并提高自身的自律意识和道德修养,确保自身掌握了先进的廉洁文化,不仅如此,领导干部要弘扬先进的文化、树立廉洁的价值观,从而影响家人能够与自己一道抗击腐败之风,构建清正廉明的光荣家庭。

各级领导干部在单位都在不断地加强廉洁知识学习,并积极掌握廉洁文化。因此,要将廉洁教育延伸到领导干部的家庭中,与家属一起学习廉洁文化,尤其是在教育子女的过程中,更需要让子女从小就明白"廉洁为荣,贪污为耻"的道理。帮助子女树立正确的价值观和人生观,这对子女以后的成长是十分有帮助的。

☆ ☆ ☆ ☆ ☆

刘杰飞(化名)是区里办事处的科员,他在单位学习了《中国共产党党员领导干部廉洁从政若干准则》,在下班的时候,突然想到刚刚上初中的儿子最近在进行阅读能力的培养,他便将廉洁的所有资料都带回了家。

儿子放学回来,他将这些资料放到儿子书桌上,并要求儿子在一周内认真阅读这些廉洁从政的资料。开始儿子不知道为什么父亲要让自己读这些,但是他还是认真地读了。

这天刘杰飞要外出办事,区里司机开车来家里接刘杰飞,这天正好赶上儿子早起去上学,司机对刘杰飞的儿子说道:"上车,正好先送你上学,然后我和你爸爸再去你们学校附近办事情。"

刘杰飞没有说话,他想要看看儿子怎么做,儿子回答道:"谢谢叔叔,但是我今天和同学约好了,一起坐公交车去,如果我坐车先走了,同学肯定会说我说话不算数。你们还是直接

去办事吧，我再等等同学，我不能食言。"

司机和刘杰飞走了，儿子自己坐上了公交车。晚上下班，刘杰飞看到正在写作业的儿子，问道："我怎么不知道你哪个同学在咱们家附近住啊？"

"我自己坐公交车上的学，我不想做公家的车，我又不是你们单位的员工。"儿子边写作业边说道。

刘杰飞听了儿子的话，很欣慰，接着问道："那你直接说不就好了，为什么撒谎说要和同学一起坐公交车呢？"

"这样说，我怕别人以为我在打官腔，别人还以为你故意让我这样做的呢。"

刘杰飞理解儿子的想法，他没有多说什么，而是笑着回到了自己房间。

对于领导干部来讲，很多时候并不是子女不支持自己廉洁从政，而是父母没有将廉洁文化传播给子女。在生活中，没有帮助子女建立廉洁意识。干部应该发挥积极的廉洁带头作用，要在家庭中，倡导以"德"治家，以"廉"保家，切实做好反腐倡廉的宣传员。正确引导子女，让子女建立独立自强的廉洁意识，确保子女能认清大是大非。

从近年来查处的违法乱纪案件来看，一些家属伙同领导干部一起做贪污纳贿之事，其根源是家属根本没有意识到贪污的后果是多么严重，领导干部也没有意识到廉洁的家庭教育是多么重要。因此，在犯罪案例中，多数都是"全家贪腐""夫妻共贪""父子连腐"的情况，难道这些家庭腐败只是领导干部一人之过错？其实，无论是一人贪腐，还是全家贪腐，归根结底都是家庭廉洁教育的缺失和失败。

第五章 子女端正"廉洁观",家规家教是关键

某渔业公司原总经理孙某受贿案就很典型。孙某不仅当选过全国劳模,还曾多次拒贿,而真正打开孙某思想缺口的,还是他的儿子。经有关部门调查,孙某收到多达30次的贿赂,全部都是由他的儿子代收的。为什么孙某会允许儿子收受贿赂呢?

原来孙某很宠爱儿子,只要儿子想要什么,全家都会满足他。儿子上了高中,总是羡慕别的同学能坐豪车上下学,便天天抱怨说:"你看我们班的同学,都是车接车送,只有我天天挤公交上下学。"

一次,两次……次数多了,孙某有了满足儿子虚荣心的愿望,而每次收钱,别人送到家,都是直接交给他的儿子。最终,他被判刑,儿子的学业也受到了影响。

领导干部子女要当好家庭助廉的"宣传员",就必须要学好廉洁知识,了解家庭助廉的目的、意义和要求,从思想上自觉抵制各种诱惑,不断提升自己的世界观、人生观和价值观,监督父母遵守各项廉洁自律的规定。

家庭助廉是领导干部廉洁从政的客观需要,也是领导干部保证家庭安宁的前提。因此,领导干部要经常对子女进行廉洁教育,增强子女对腐败的免疫力,从而构建清正廉明的光荣之家。

弘扬好家风，当好廉内助

4. 严定廉洁家规，不让子女活在"荫庇"之下

俗话说得好："国有国法，家有家规。"对于领导干部来讲，家规连着国法，家规不严，家风则不洁，就很容易让家庭触犯国法。一个家庭中如果没有"铁规矩"，那家庭势必会触犯"铁纪律"。

如果没有对家庭子女的严格要求，腐败分子就会乘虚而入，这对孩子的成长是不利的，同样，对整个家庭也是十分不利的。

对于领导干部的子女来讲，在面对铁一样的家规时，很自然会选择廉洁自律，而不是选择贪污腐化。相反，家规不严，家风则不正。父母会成为子女谋利的通行证，子女会成为父母腐化的墓志铭。

生活在领导干部身边的子女，也就生活在他们权力的"光环"下。这就使得很多人容易产生"沾光"的思想，进而打着父母的旗号，谋取不正当的利益。官员子女如果没有正确的人生观和价值观，仅仅凭借官员的家庭背景和优越的社会地位，就享受各方面的特权，这对其他人来讲是不公平的，也势必会让子女陷入困境。

作为干部的子女，外界会因为你拥有领导"子女"的头衔故意接近你、讨好你，希望通过你的关系与领导干部建立关系和联系，因此，如果子女没有抵挡腐败的免疫力，势必会被腐败分子利用。在家庭中，领导干部应该树立子女独立自强的性格，制定严格的家规，避免子女因

第五章 子女端正"廉洁观",家规家教是关键

贪图"权势"而陷入贪贿的泥潭。

☆ ☆ ☆ ☆ ☆

"我爸是某某"这句话曾经风靡一时,此事件也被各大媒体纷纷报道,在社会上引起了广泛的关注,而这句话是由河北省某市某公安分局副局长李某之子李某铭说出的话。

2010年10月16日晚,李某铭驾驶一辆黑色豪华轿车在某大学校区内横冲直撞,因为开车太猛,撞倒两名女生,造成一死一伤,李某铭不但没有停车,反而继续驱车去校内宿舍楼送女友。

在返回途中被学生和保安拦下,李某铭不但没有感到害怕,也没有替死伤者难过,态度反而更加冷漠和嚣张,他气急败坏地说出了那句自觉优越感的话语。一时之间,"我爸是某某"事件惊动世人,李某铭认为有一个当官的父亲,自己犯了什么错都不是错。2011年1月30日,李某铭交通肇事案一审宣判,李某铭被判有期徒刑6年。

☆ ☆ ☆ ☆ ☆

通过李某铭的例子不难看出,他认为父亲手中的权力可以帮自己"摆平"一切,认为自己是"官二代",无论做错什么事情,都可以借助父亲强大的"官威"来压制他人。这或许是一个极端的例证,但充分说明了权力改变了部分官二代的价值观和权力观。他们认为父辈手中的权力就是自己做事情的"特权",认为所有的事情都可以用父母的"权力"来解决,殊不知,领导干部手中的权力正是人民和国家赋予的,作为领导干部的子女,根本没有资格去"以权谋私"。

子不教父之过。对于领导干部来讲,子女犯错,自然与领导干部脱

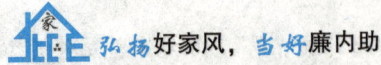弘扬好家风，当好廉内助

不了干系。因此，在日常生活中，领导干部一定要加强对子女的廉洁教育，让子女认识到只有做到廉洁，才能真正享受到父母的庇护。

☆┈┈┈┈☆┈┈┈┈☆┈┈┈┈☆

一个贪官在牢笼中说过这样的话："我爱我的孩子，我爱我手中的权力，我最不该做的事情就是拿着手中的权力去'爱'自己的孩子。后来，孩子认为我手中的权力就是为他而握的，我也以为只要孩子享受了我给予的特权，他就会幸福。可最终，我害了自己，也害得孩子失去了完整的家庭。"

☆┈┈┈┈☆┈┈┈┈☆┈┈┈┈☆

的确，少数领导干部一旦手中掌握了权力，他就会认为自己手中的权力就是为家人而谋取的，认为子女要享受到更多的特权，才对得起家人。而对于清廉的官员，他们会将权力看成国家的，更不允许孩子有贪污腐化的思想。只有严格要求子女，子女才不会认为父母手中的权力是属于自己的"特权"，才能有助于形成清廉的家风。

5. 子女需自强，不要依赖父母的"权威"

在中国，很多家庭都是只有一个孩子，家长对孩子也比较娇惯，尤其是老人总是会溺爱孩子，因此，社会上就产生了很多"小皇帝"或

第五章 子女端正"廉洁观",家规家教是关键

"小公主"。许多中国家长,希望给子女提供最好的物质生活,更有些父母会替孩子做所有的事情。这种"包办"孩子所有事情的家长不在少数,虽然这种教育方式丰富了孩子的物质生活,却让孩子的精神生活变得贫乏。孩子很容易养成无法自立的性格,事事都想依靠父母,不愿意独自去面对困难,更没有勇气自己去解决问题。对于领导干部的子女来讲,需要让子女知道不能依赖自己的"权威",做任何事情要靠自己。

干部在对待子女方面,要教育孩子拥有独立的人格,无论做什么事情,都要学会自强。只有依靠自己,才能做出一番成绩,不要依靠父母手中的权力,否则就会陷入贪腐的深渊。

✩　✩　✩　✩　✩

一名高三的学生学习十分紧张,眼看要过春节了,学校要给孩子补三天课,而这名学生却只上了一天,逃课两天。老师将孩子的逃课情况反映给了家长,因为马上要过春节,家长便没有责备孩子。等到正月初八的时候,父亲看着儿子,终于忍不住了,问他为什么逃课。孩子说道:"我对高考不感兴趣,我也不想参加高考,你们给我安排一下,实在不行帮我安排出国留学也行,听说有些国外的大学不用考试,有钱就能去。"

这个孩子为什么会有这样的思想?原来他的父亲是教育局的领导,孩子小升初的时候就是家长一手包办的,自然,孩子认为考大学的事情,父母也能"一手遮天"。

✩　✩　✩　✩　✩

要知道这样的例子并不在少数,很多子女认为自己的父母手中有权,什么事情都能解决,却不知道搞特权、滥用权力是需要负法律责任

的。这对子女以后的人生发展是没有帮助的，这种腐败的意识会在孩子的内心生根发芽，甚至只能给孩子带来"优越感"，不会让孩子有"羞耻感"。

在许多腐败案例中，都呈现出一种官员为子女"还债"的情况。比如，有些官员为了替子女安排一个好点的工作，便通过非公开的考试和竞聘程序，安排子女进行考试，这种考试往往是"凡进必选"的。这不仅极大地危害社会公平，更是官员以权谋私的代表表现。尽管如此，许多官员不惜以身试法来为子女谋取"一官半职"，官员本人在幕后进行暗箱操作，自认为"神不知鬼不觉"，殊不知天网恢恢疏而不漏，最终自己深陷牢笼。

某检察院原副检察长文某经常与某企业主去饭店吃喝，每次均是企业主埋单，一餐竟然消费上万元。

文某之所以会与企业主"掺和"在一起，是因为儿子工作的事情。文某的儿子在该企业主的公司上班，为了让企业主多关照儿子，在企业主宴请他参加自己女儿的婚礼时，文某欣然赴宴。后来文某多次与该企业主交往，其儿子也成为该企业的"名誉"股东，掌控公司百分之五的股份。经核查，文某收受该企业主贿赂高达几千万元。文某政治生涯也因此而终结。

作为干部子女，不要总是想依靠父母的权力获得更多的"收获"，这些不劳而获得来的财富不会让子女获得幸福。以父母的名义狐假虎威，为自己牟利，这不仅有损父母的形象，对父母的事业也会产生不良

影响。干部子女应该学会独立自强,不依靠父母手中的权力做违法乱纪的事情,同时要用一颗独立自主的心态来对待自己的生活和工作。

张芸(化名)的父亲是学校教导处主任,但是在学校的这三年里,根本没有人知道她的父亲是谁。因为父亲在张芸入学前,便严格要求女儿:"不要对别人说我在学校的职务,在学校见面,你要叫我老师,而不是喊我爸爸,在学校有什么事情,不要找我,你要找的应该是你们老师或者班主任。别人问你的爸爸是做什么的,你就说给人打工的。"

张芸记住了父亲的话,当别人问起自己父亲是做什么职业的时候,她只是说"我的爸爸是一个打工的"。

一次,张芸在学校运动会上,参加百米赛跑时,不慎摔倒,左手臂着地,直接摔骨折了,皮肉也严重擦伤。坐在观众台上的父亲看到了这一场景,他并没有跑过去管女儿,因为他知道在学校,管女儿的首先是她的班主任。随后,张芸被送进医院,父亲依旧在学校教务处忙工作。

回到家中,张芸的母亲责备她的父亲:"女儿摔成这样,你就不知道陪孩子去医院吗?你这父亲在学校就是个摆设。"

"他们班主任杨老师是个很负责的老师,我看他带女儿去医院了,我自然就要忙学校其他的事情,我总不能一天到晚只盯着女儿一个人吧。"听了丈夫的回答,张芸的母亲也没有多说什么。

张芸的父亲不想因为自己在学校的职务,影响到女儿的学习,更不想让女儿感觉自己在学校有优越感。

作为领导干部，让子女学会独立自强，这要比让孩子学会"沾"父母的光要重要得多。作为干部子女，更要将自己置身于低处，低调做人，才能保全父母的清白，让父母在工作中没有后顾之忧。

6. 分清是非，及时纠正子女的错误行为

作为父母，都希望将最好的留给子女，想包揽儿女的一生，可是很多人没想到，对子女的溺爱，可能会葬送全家的幸福。一位教育学家说："小事可宠，大是大非必须明。"孩子是父母的软肋，在小事儿上可以宠孩子一些、爱孩子一些，但是在大是大非面前，父母要做到明事理，让孩子懂是非，这并不意味着对孩子不够"爱"，反而是更爱孩子的表现。

官员于公为人民的"父母官"，于家为子女的长辈。有责任教育好自己的子女，避免子女在大是大非面前"犯糊涂"。有些官员在子女犯错之后，一味地包容，甚至甘愿为孩子所有的错误"断后"。孩子则依附在父母身上搜刮民财，直到将父母搞垮为止。对于公职人员来说，适当地帮助孩子是无可厚非的，但决不能因宠溺孩子而不明是非、不顾国法。如若不然，就可能又会落入腐败陷阱。既毁了儿女前程，又断送自己的政治生涯。

"骄奢淫逸，所自邪也。四者之来，宠禄过也。"父母对子女的爱，

第五章 子女端正"廉洁观",家规家教是关键

如果超出了一定的界限便成了溺爱。从近些年来的贪腐案例发现,"老子办事,儿女获益"已经成为一种贪腐的现象。"子女获利,老子办事"的贪腐案例也不在少数。

某省原副省长刘某可谓位高权重,一言九鼎,他不仅分管省外经贸厅、外办(侨办),还分管了旅游局、海关等重要部门。

在刘某管辖的时候,某客运集团公司原总经理夏某把目光瞄准了他。为了获得刘某在贷款和免税等问题上支持,夏某主动宴请刘某吃饭,并在其耳旁煽风点火,让刘某尽快送女儿出国留学,刘某只有一个女儿,自然很溺爱女儿,他也听闻很多"有钱"人家都会送子女出国深造,慢慢地便动了心。

1999年,夏某找到了澳大利亚籍华人英某,经过商定,决定以到澳大利亚注册企业的方式来帮助刘某的女儿获取赴澳签证。1999年年底,夏某用客运集团公款换得20万美元交给英某,作为刘某女儿办理赴澳签证注册公司的费用。之后,刘某利用夏某、英某的关系将女儿送出国,夏某还为其女儿在悉尼买下了一套房子。

刘某希望用这种方式来给女儿铺设一段好的前程,不料,就在一年后,夏某因涉嫌经济问题,被纪委"双规",刘某便让英某立即卖了房子,毁掉物证。刘某以为这样便能掩盖自己的贪污行为,所谓天网恢恢疏而不漏,最终还是难逃法网。刘某在案发后的检查中悔恨地说道:"看到别人送子女出国留学,特别是进入国外名牌学府,自己也不甘落后,总想为子女多创造一些条件。"

弘扬好家风，当好廉内助

有些人打着"爱"孩子的旗号，行违法乱纪之事。爱孩子无可厚非，但是不能因为溺爱而毁了孩子的人生，毁了自己的前途。作为领导干部家属不能辜负党的信任，要明辨是非，在大是大非面前要定下心、选好路。同样，如果领导干部自己都不能明白是非，怎么去教导孩子，让孩子明是非、懂大义？暂且不论孩子是否犯错，领导干部有了过多的贪欲，势必会毁了孩子，毁了自己，毁了家庭。

孩子是父母的心头肉，哪一个做父母的不爱儿女，不希望子女有好的未来呢？但是无论父母怎样爱孩子，都不要超过"爱"的界限和底线，最起码要让子女懂荣辱廉耻，要让孩子明白哪些错误可以犯，哪些错误不能犯。

郭某曾为某市检察院的副检察长，在当地也是出了名的"女强人"，她从一名再普通不过的技术人员，一步步地升任为厅级官员，可想而知，其中付出了多少艰辛。按理说她通过这么大的努力获得这样的成绩，应该更加珍惜。但是她却为了扶持儿子"发大财"，选择铤而走险，利用自己的职务之便，为子女违法获利将近3000万元。原本到了可以光荣退休的年龄，她却因为贪腐进了牢笼，她的儿子也因此受到牵连。难道这就是她希望看到的结果吗？当然不是，她对儿子这种没有底线的溺爱，既害了自己，也害了儿子。

像郭某这样的案例还有很多，如某省人大常委会原副主任于某，为了给儿女铺设更好的前途，不惜以身试法，锒铛入狱。天下没有一对父母不希望自己的子女能前程似锦，但是要爱子女也要有底线，从父母的

第五章 子女端正"廉洁观",家规家教是关键

角度就要明白怎样的爱才是对子女好,怎样的爱会害了子女。

林则徐曾留下一副耐人寻味的名联:"子孙若如我,留钱做什么?贤而多财,则损其志;子孙不如我,留钱做什么?愚而多财,益增其过。"给子女留下钱财就是为子女的明天打下基础?其实,子女明是非对错要比获得金钱更加重要,在子女的世界里不应该只有钱财和权势,更多的是有自立自强的品行,懂得爱国爱家的情怀,也只有这样才能保证子女获得更大的幸福。

✩ ✩ ✩ ✩ ✩

李某年仅18岁,却站在了法庭的被告席上,而将李某送上法庭的人竟然是他的父亲。

李某因酒后开车不慎将王某撞死,李某因惊慌害怕仓皇逃走,回到家中,没有将这件事情告诉父亲,而是决定隐瞒事实。因为他知道父亲是公安机关的领导,平时做事情很正直,从来不会为了家里人或亲戚的事情"走关系"。李某担心自己的事情被父亲知道,父亲会将自己抓到公安局。

但是世界上没有不透风的墙,父亲最终还是知道了。李某对父亲说:"你在公安系统有人,就不能找个人去替我坐牢吗?"

听了李某的话,他的父亲直接扇了他一个巴掌,说道:"你以为国家的权力是给你一个人提供方便的?做错了事儿不知道悔改,还想逃避法律责任,我没你这样的儿子。"

随后,父亲开车,将李某拉到了公安机关,带他去自首。

✩ ✩ ✩ ✩ ✩

曾国藩一生奉行凡事要勤俭廉劳,不可为官自傲,他说过"儿孙

自有儿孙福"。父母之爱子,必然为之计深远。贪腐并不能使子女和家庭幸福,相反只会害了子女,也会毁了家庭。曾国藩在家书中写道:"凡世家子弟,衣食起居,无一不与寒士相同,庶几可以成大器;若沾染富贵习气,则难望有成。""凡人多望子孙为大官,余不愿为大官,但愿为读书明理之君子。"他的这种思想境界很值得干部子女学习。

第六章

父母拒腐助廉，拒绝"微腐败"毁了家庭

在家庭助廉的过程中，领导干部的父母在家庭中起到至关重要的作用。干部父母不但要提高自身的廉洁意识，更要摒弃"占小便宜"的心理，做到"不以贪小而为之"。父母要做到不以子之名，随便"拿好处""得实惠"，只有拒绝"微腐败"，才能抵挡住各种诱惑，避免"大贪腐"。父母是家庭廉洁中重要的一环，父母不贪"小利"，家庭才能更幸福。

弘扬好家风，当好廉内助

1. 提高廉洁意识，不以"贪"小而为之

在传统观念中，父母在孩子面前绝对是有权威的。父母的一言一行对子女都能起到榜样作用。尤其是在廉洁意识提高方面，如果父母能够提升自己的廉洁意识，不做让子女为难的事情，掌权者自然就少了后顾之忧，便能真正做到廉洁从政。

在很多领导干部的家庭中，父母已经年迈，甚至文化程度不高，在他们的思想中，对"廉洁"没有深刻的认知，甚至不懂什么样的行为可以称之为腐败行为，不清楚如何去做才能让子女避免灾难。而有些父母可能认为拿一些"小恩小惠"不会影响到子女的政治前途，殊不知，正是一点点的小贪，也能够断送子女的政治前途，让子女深陷牢笼，失去自由，而家庭也会四分五裂，自己的晚年生活凄凉可悲。

☆·············☆·············☆·············☆

自古以来，贪腐都被人们所不齿。在历史上不乏清廉的父母拒绝贪腐被人们广为流传的故事——陶母退鱼。

东晋名将陶侃能够取得很大的成就，很大程度上得益于母亲的训诫。陶侃的母亲姓湛，其本人勤俭耐劳、贤惠明理。陶侃父亲去世后，陶家生活困苦，陶侃母亲便靠着纺纱织布赚钱养活陶侃。不仅如此，湛氏让陶侃多结交优秀的人，增长自己

第六章 父母拒腐助廉，拒绝"微腐败"毁了家庭

的学问和见识。

在一个下雪的冬天，陶侃的朋友——鄱阳孝廉范逵来家中拜访，可陶家贫困，没有酒食款待来客。湛氏让陶侃去前厅招待客人，自己则回到屋里，将床上新铺的新草扯下来，做成草料喂给了客人的马，为了买酒买菜，她剪掉了自己的头发卖给了邻居。湛氏用这些钱买了酒菜，范逵畅饮甚欢，就连随从也受到很好的招待。在范逵离开的时候，母亲又让陶侃将他送出百余里。

事后，范逵知道了陶母的举动，便感慨道："只有这样优秀的母亲，才能养出这么优秀的孩子啊。"

几年后，陶侃成了浔阳县的一名小官，监管渔业。一次，他让人将一罐腌鱼送给母亲，希望母亲爱吃这些腌鱼，陶母收到之后，不但没有打开罐子，反而原封不动还给了陶侃，并且写了一封斥责的家书："你现在做了官，将官家的东西送给我吃。这对我是没有好处的，相反，会增加我的忧愁。"她以此方式来教育儿子为官要廉洁奉公，不谋取私利。

☆　　☆　　☆　　☆　　☆

陶母退鱼的事迹世代流传，其对后人的影响也很大。一罐子腌鱼在外人看来，其实也只是一件小事，但是在陶母看来，她会将儿子的清廉与此联系起来。现如今，我们面对的诱惑更多，在利面前，我们必须要正确地进行选择，不要为了小利做出有损自己前途之事。作为掌权者的父母，做任何事情都要考虑到孩子的名誉，不要因为贪图一点小利而做出有损清廉之事。与此同时，干部的父母更应该多学习党政法规，明白贪污纳贿的后果，从内心深处厌恶贪贿之事、不法之事。

每一个人潜意识里都或多或少会有占小便宜的心理，但是小便宜可

弘扬好家风，当好廉内助

不是那么好占的，也不是随便可以占的。俗话说，贪小便宜吃大亏，很多贪污腐败都是从贪小利开始的，而很多父母认为小便宜不会有损儿女清白，殊不知贪小便宜就是让贪腐进家门，就是在挑战国家的法律法规。

作为领导干部的父母，首要的责任是帮助和支持子女坚守廉洁，监督子女抵制贪欲，坚守家门，不让找关系、走门路、吃回扣的人进入自己的家庭，这才是父母对子女真正的爱，这才能保护好家庭。

俗话说："吃人家的嘴短，拿人家的手软。"作为领导干部的父母更要保持廉洁，树立廉洁意识，并深化对廉洁的理解。不但不能吃"免费的午餐"，更不能拿"消灾钱"。自己身为长辈，更应该为子女做榜样，要清楚什么事情该做，什么事情不该做，什么事情能做，什么事情不能做。根据政策、原则、规定来行事，做清廉的父母。

某市人事局原处级干部王某，为15人"开后门"，在市招考、选调公务员、职员聘用的过程中，利用职务上的便利，收受贿赂将近200万元。王某坐在被告的席位上，后悔难当，说道："坦白地说，在人事局工作将近20年，有很多人找我帮忙，我是从来不愿意收人家好处的，但是后来替别人办事，对方总觉得欠我人情，我不喜欢这种感觉。有一次，别人送给我父母一个按摩椅，价值1万多。我本来不想要，但是父母喜欢，说正好可以按摩颈椎，我这才妥协。有第一次，就会有第二次，逐渐地我彻底沦陷了，我真的很后悔。如果当初不收那个按摩椅，我也不会腐败，现在也不可能站在这里。"

第六章　父母拒腐助廉，拒绝"微腐败"毁了家庭

作为领导干部，孝顺父母天经地义，但是作为父母应该理解孩子，并监督子女，不让子女打着"孝顺"的名义，做出有损清廉的事情。同样，父母更不应该因为一点小恩小惠致孩子的前途与清廉于不顾。

想必天下没有不希望子女前途光明的父母，甚至为了子女成才，他们不惜牺牲一切。当然也有糊涂的父母，他们认为子女已经为官，手中握有权力，自己也可以凭借子女的"官名"获得更多的好处。甚至会逼迫子女做出一些有悖党规法纪之事，这样的父母不是在教子成龙，而是在毁子成虫。

作为父母，要牢记自己不仅仅是孩子的父母，更是家庭的监督员，要督促子女做到廉洁为政。同时也要时刻警惕腐败进家门，坚决抵制那些有损家庭幸福与子女前途的事情发生。更不能因为眼前的小利而做出有损子女清誉之事，只有这样才能真正成为子女廉洁为官背后的支柱。一旦父母丧失了廉洁意识，很容易让子女因自己而遭殃，不仅毁了子女前程，还会导致家庭四分五裂。

2. 不该得的"小便宜"不要得

都说孩子是父母的一面镜子，父母示范错误，就等于"照"坏孩子的人生。在教育子女的问题上，父母要起到榜样作用。领导干部要孝顺父母，而孝顺父母绝对不是父母怎么高兴就怎么做，而是要讲究方法

和底线，在廉洁为公这件事情上，干部父母别无选择，必须遵从廉洁的原则。换句话说，领导干部要监督父母，不允许父母做出有损廉洁之事。不仅如此，领导干部更不能包庇父母的"占便宜"心理，在发现父母有这方面的思想时，要及时纠正，避免因为父母的一时贪心而走上违法犯罪之路。

作为子女都希望父母能够安度晚年，要实现这一目的，就需要保证父母不被腐败之风所侵蚀。在父母出现不该有的贪欲时，要及时纠正父母的思想，向父母灌输遵守法规党纪的意识，让父母意识到反腐的后果。

某市公安局副局长赵刚（化名）是当地出了名的"清官"，他升任公安局副局长已经有三年的时间，自己一家五口人，仍然挤在一个不到80平方米的两居室内。平时有任务，他便直接住在宿舍。有人去家里拜访他，不管是送的水果还是礼物，父母都坚决不收。因为赵刚经常对父母说："不管是谁来咱家，送的东西都不能留下，你们老两口想吃啥想买啥直接跟我说，我肯定给你们买，咱不能要别人的东西，不然你儿子我就很可能没办法给你们养老。"

一次，邻居从老家回来，带了老家种的新鲜蔬菜，他们吃不完怕坏掉，便送给赵刚父母，开始赵刚父母坚决不收，但是听邻居说不要的话就只能等蔬菜坏掉扔掉了，因为根本吃不完。听了邻居的话，父母觉得不收也就浪费了，便收下了。

赵刚下班回家，一进门看到门口那么大一袋子蔬菜，他意识到不是父母从菜市场买的，便严肃地问道："妈，这些菜是哪儿来的？"

第六章 父母拒腐助廉，拒绝"微腐败"毁了家庭

"是邻居送的。"母亲回答道，还没等母亲说完，赵刚急了，严肃地说道："我不是跟您说过了吗？不能收别人的东西，想吃什么蔬菜我们自己可以买。"

"你先别着急。"母亲劝慰道。

"我能不着急吗？咱不能占别人便宜，不然你儿子我的工作就很难做，今天别人送一筐子蔬菜，明天别人就可能给咱送一筐子钱，这些都是炸弹，能把我们家炸得四分五裂。"赵刚着急地说道。

"我们知道这些道理，这些蔬菜是邻居老家的人自己种的，他们带过来得太多了，吃不完就坏了，邻居说我们如果不要，他们就直接等坏了扔了，我和你妈觉得扔了也太浪费了，便收了。"父亲解释道。

"要是这样的话，咱们也不能白收别人东西。"赵刚看了看那袋子蔬菜，的确有些蔬菜已经蔫儿了。知道事情的来龙去脉后，赵刚继续说道，"等会儿我去买一些水果，给邻居送过去，咱不能白要人家的蔬菜。"

赵刚下楼到水果店买了一堆水果，送到了邻居家。回到家中，赵刚对父母说道："我害怕因为一点小利毁了咱们家的太平。以后邻里们送东西来，一定要记得回礼，这样我才能心安理得地工作。"

☆　☆　☆　☆　☆

作为领导干部应该时刻关注父母的行为和思想，要让父母清楚"占小便宜吃大亏"的道理。同时，要让父母意识到贪腐的危害性。提升父母的廉洁意识，防止歪风邪气进家门，从而成就幸福和谐之家。领导干部不仅要保持自己的廉洁之心，更应该将廉洁的思想传播给家庭的

每个人，深化家庭成员对清廉的认知，防微杜渐，成就美满幸福的家庭。

3. 不该收的"小礼"不要收

古之尚礼，重在来往。今之重礼，可谓来而不往。毫无疑问，在当今社会中，这种变了味的礼尚往来其实就是一种隐性的腐败，这种腐败也是作风问题。它不仅滋长了享乐奢靡之风，侵蚀了党风党纪，同时还带坏了社会风气，对领导干部的形象也有影响，损害了公信力，造成了凡事都有猫腻，都有"潜规则"的恶风怪相。

"千里之堤，溃于蚁穴。"小小的蚂蚁便可以让大堤坝垮塌，可想而知，如果领导干部的父母不能做到管住自己的手，今天收别人一袋子水果，明天收别人一盒子名酒……渐渐地，别人就会将车钥匙、房钥匙送上门来。这个时候，再去拒绝，恐怕为时已晚。因此，作为领导干部要监督父母，不能允许父母随便收礼，更不能让父母有"收礼无罪"的心理。要时刻提醒父母，谨防腐化之风进家门。而作为父母，也要时刻牢记贪腐的危害，不能因为一时"贪心"，损害子女清廉为政的决心。

一位领导干部要辞别父母，去很远的地方为官。临走之

第六章 父母拒腐助廉，拒绝"微腐败"毁了家庭

前，他给父母做了满桌子的饭菜，父母自然不舍得儿子去那么远的地方为官，但是他们知道这是儿子的工作。

这位官员在饭桌上对父母说道："刚到那边肯定会有很多工作要处理，所以一时半会儿我可能不能回来看您二老。"父母表示理解他的工作，他紧接着说道："我对您二老有一个要求，那就是不要收礼，不要收别人送的东西。有什么事情，随时给我打电话，切记不要收别人的东西，即便是小礼也不能收，不然您儿子可能就回不来了。"

父母自然知道儿子的意思，在父母再三保证下，儿子才安心地远行为官。一年之后，这位干部因为工作认真、廉洁奉公，又升任为省级领导。

☆━━━━☆━━━━☆━━━━☆━━━━☆

每一位领导干部的父母，在生活中可能会成为不法分子"围猎"的对象，这些人会向父母提供一些小恩小惠。作为领导干部，每天都必须深化廉洁为公的思想，在诱惑面前，保持清醒的头脑，而父母多数已经年迈，他们很少去主动了解党规法纪，在诱惑面前没有抵抗力，缺少警惕之心，极易成为腐败分子"攻击"的对象。正因如此，领导干部更应该多关注父母的行为，多给父母讲述一些贪腐案例，提升父母的防范意识，避免父母被眼前的小利迷惑。干部父母也应该主动学习廉洁知识，常怀清廉之心，多思腐败之害。

☆━━━━☆━━━━☆━━━━☆━━━━☆

李伟丽（化名）作为一名县级领导干部，她深知腐败的后果是什么。这天，单位通报了邓某、张某因收受贿赂被依法逮捕的通知。李伟丽回到家中，将邓某和张某的犯罪行为讲述

给了父母：邓某父母因为亲友工作的事情，收受贿赂10万元；张某则是因父母收了开发商的礼品，不得不在项目投标中"照顾"某个开发商。事后，这个开发商又送给张某父母一套老年公寓。

李伟丽隔三岔五地在家中向父母讲述中央反腐的政策以及腐败案例，她的父母对腐败的手段已经有了很全面的认知，她的父母也从来没有收过别人的礼品，更没有委托过李伟丽还"人情"。李伟丽希望通过这种方法来强化父母的法律意识，从思想上杜绝腐败之气的侵蚀。

作为领导干部的父母应该多学习廉洁知识，用典型的腐败案例进行自我警醒。而领导干部更应该多向父母宣扬廉洁思想，让父母意识到"小礼"能成腐，拒收"小"礼也是在"助廉"，成就廉洁之家，离不开全家成员的一起努力。

张家辉（化名）是一家国企单位事业部主任，他在家里经常向父母宣扬清廉为公的事迹，父母对腐败之事也深表痛恨。这天张家辉在单位加班，晚上九点多了还没回来。

突然有人敲门，父亲赶快起身去开门，心想儿子带了钥匙，怎么还敲门，难道忘带其他东西了？打开门之后，原来不是儿子，是一个陌生的面孔。

"大爷，您好，我是张主任的一个朋友。"男士笑着说道。

"他不在家，你找他有事吗？"父亲能感觉到眼前这个男人肯定不是儿子的朋友。

"哦，张主任不在家也没事，我就是来看看您二老。"男士笑着进了家门，手中提着一个盒子。

男士陪张家辉的父母聊了一会儿天，看了看表，快十点

第六章 父母拒腐助廉，拒绝"微腐败"毁了家庭

了，张家辉还没回来，男士起身要走，张家辉的父亲连忙让他将礼品带走。

"大爷，您别误会，这不是什么贵重的礼品，就是家里的特产。"男士解释道。

"不，特产我们也不能收。你还是拿走吧，家辉回来看到这个会生气的。"父亲坚定地说道。

男士说什么也不带走，他连忙走出了张家家门，关上了门。

父亲赶快开门追了出去，已经不见踪影。过了半个多小时，张家辉回来了，父母急忙向张家辉讲述了事情的经过。

张家辉说道："没关系，明天我将盒子交到单位，让单位去处理吧。"

第二天，张家辉将那盒礼品带到单位，交给了组织。回到家，张家辉对父母说道："您二老肯定想不到里面装了什么？"

父母用诧异的眼神看着张家辉，他继续说道："里面装了3万元现金。"

父亲说道："幸亏你交给了单位，不然就害了我们全家，以后这样的人不要告诉他我们家的住址。"

☆ ☆ ☆ ☆ ☆

其实，张家辉知道送礼之人的真实目的，但是他不清楚那个人是如何知道自己的家庭住址的。的确，腐败分子会想尽一切办法将领导干部家属"拖下水"，目的就是让领导干部就范，最终让领导干部成为自己利益的输送者。而领导干部的父母则是最薄弱的"同化"目标。

腐败分子是无孔不入的，作为干部的父母应该意识到这一点。在日常生活中，领导干部不仅要多提醒父母，杜绝父母"收小礼"的行为，

这才能从根源上杜绝父母"贪大钱",才能成就廉洁好家庭。

反之,父母要做到不收"小礼",不贪"大钱",就要从心底里厌恶贪腐的危害,将一切有损子女廉洁的行为拒之门外,成为子女反腐倡廉的坚强后盾。

4. 做事低调,父母不因子女之名而得"实惠"

天下为父母者,无不"望子成龙""盼女成凤"。自古以来,父母都希望子女能有出息,能有一番成就,甚至能光宗耀祖。父母在希望孩子成才的背后,也希望以女为荣、以子为豪,这本是无可厚非的,但是有些父母,一旦子女得以权势便不再清醒,他们不但不帮着子女树立廉洁意识,不帮助子女成就事业,反而开始以子女之名收受贿赂,处处拖子女后腿,给子女惹麻烦。

父母爱子女,不仅要以子为荣,更要学会助子成龙,尤其是在子女事业有所发展,身居国家公职后,父母做任何事情都应该以子女的前途为重。有些父母会依仗子女的"权威",打着子女的旗号,大张旗鼓地做出一些有损子女廉洁的事情。要知道这样做的父母并非是爱子女,反而是在害子女。

自古至今,因仗子之名而做出荒唐行为的父母也不在少数,最终结局只能是害子害己。

第六章　父母拒腐助廉，拒绝"微腐败"毁了家庭

清朝时，一个穷秀才经过寒窗苦读，终于高中举人。因其家境贫寒，父母得知儿子中了举人之后，兴奋至极。于是，见人便夸耀自己的儿子，甚至夸下海口，说儿子一定能当大官，邻里乡里很快全知此事。

没过几天，便有乡绅带了丰厚的礼品来家拜访。目的自然是有朝一日能得益于这位举人。其父母欣然接受了乡绅的金银珠宝，他们拿着钱财开始享受生活，不再下地干活。逐渐地，送礼的人越来越多，就连邻居都将自家唯一值钱的大黄牛送给了他们，只要是别人送来的东西，这对父母没有不敢收的。

不料，这件事情被当权者知晓，以"不束父母，不廉家风"为由，拒绝为这位举人安排一官半职。

案例中，这对父母的行为确实是害了自己的儿子。而在古代君臣家属的"助廉"工作中，父母也会阻止儿女做有损清廉的事情，他们会帮助为官的子女树立廉洁为政的思想，更不会去拖孩子的"后腿"，他们会为了成就子女的清廉正直而做出清正的事情。

作为领导干部的父母，无论做什么事情，都要站在子女的角度进行思考，自己的一言一行代表的不仅仅是自己，更多的是反映子女的政治觉悟与岗位精神。做事低调，从来不将子女的官职挂在嘴边的父母，他们不贪图子女权力给自己带来的利益。相反，喜欢炫耀子女官职的父母，往往抵挡不住"小恩小惠"的诱惑，甚至会成为家庭贪腐的核心人物。

领导干部做人要低调，而领导干部的父母做事情也要低调。父母要意识到子女手中的权力是国家和人民赋予的，这些权力姓"公"，不姓

"张"、不姓"王"，更不姓"赵"……父母要时刻记住自己的行为会影响子女能否当好官、当上官。借助子女"官名"四处捞实惠、得好处的父母是在毁掉子女的仕途，是在将整个家庭推向万劫不复的深渊。

某市街道办事处原主任黄某被依法逮捕，在黄某被逮捕之前，整个街道的商贩都知道，他家老爷子是当地最大的"地痞"。为什么人们给出这样难听的评价？其实这和黄某父亲平时为人处世是分不开的。

黄某升任为街道办事处主任后，其父亲便借着儿子手中的权势，在当地开始了"混吃混喝"的日子。因为黄某的母亲很早就过世了，父亲一个人在家，因此，父亲经常自己去外面吃饭。在儿子管辖的区域内，有很多饭店、餐馆，还有一些贩卖水果、服装、蔬菜的商贩。黄某父亲每次去饭店吃饭，从来都是不带钱，吃完饭之后会直接告诉店员："我没带钱，我儿子是咱们这里的办事处主任，要钱找他要去。"

饭店老板知道此事之后，也没有办法，只好叮嘱店员，以后只要是这个老人来店里吃饭，就不必向他要钱。不仅如此，就连水果店、蔬菜店的摊贩都知道，这个姓黄的老头，买什么都不花钱。逐渐地，人们都害怕这个老头出来转悠，甚至有些小商铺看到这个老头在大街上闲逛，直接关门歇业。

再去黄某父亲家里看看，屋里应有尽有，不管是吃的、穿的、用的，他从来没有花过钱。甚至，还有人打着要黄某帮忙的名义，来家里拜访老爷子，老爷子也欣然接受对方带来的礼物。有人劝说黄老爷子不要这么明目张胆地"拿好处"，黄某的父亲还讽刺别人说："我儿子手里有权力，管的就是这片儿，我怕什么，只要我儿子是官，我吃点、喝点、拿点又能怎么样，谁还会因为我这个老头子去查我儿子不成。"

就是因为父亲的"强盗"行为，黄某才栽在了办事处主任的位子上，成了阶下囚。

黄某的父亲没有意识到自己儿子手中的权力是国家和人民赋予的，更没有意识到自己的行为有何不妥。作为领导干部的父母，要想让子女在事业上有所发展，便要做到不谋私利，时时刻刻记住清廉为人，从大局利益出发，为国家长远大计着想，做事低调。父母不要站在掌权者的位置去捞好处，要成为子女执政为公的坚强后盾。只有这样，家庭才能清廉，子女的事业才能顺遂。

5. 过年过节，拒绝节日腐败

中国是一个礼仪之国，世代都十分重视待客之道，十分讲究礼貌和利益，对待人情和情感的交流也十分重视。因此，人情世故、人情往来逐渐成为人们生活中不可或缺的一部分。尤其是逢年过节，走亲访友成为人们感情交流和维系亲情的一种常见方式。

近些年来，随着社会经济的发展，人们之间的礼尚往来现象也变得十分常见。尤其是请客送礼、红包往来似乎也变得很平常，甚至人们会认为这种"以礼会友"的方式可以达到自己想达到的目的。对于一些不法分子,会用"礼尚往来"的方式来进行钱权交易。

☆--------☆--------☆--------☆--------☆--------☆

逢年过节,收点"红包"也是人之常情,不算受贿。没想到,自己的想法是错的。"站在庄严的法庭上,我感到深深的后悔。我辜负了组织对我多年的培养。我错了!真的错了!"某市卫生局原副巡视员邓某某站上了市一中院的被告席,在接受法庭的审判时她这么诚恳地说。

邓某某被指控收受贿赂,在她自己看来,只不过是药商过年过节送给自己的"红包"。在她的意识里,过年过节收"红包",这并不是什么违法乱纪的行为。但是,她的两个看似理所应当的"红包",金额共计9.5万元。在这位年已六旬的"老人"心里,过年过节收个"红包"这怎么能和受贿联系到一起?她认为只有那些让自己帮忙办事的送给自己的钱,这才算犯罪。而邓某某则表示,自己虽然收了两个药商的"红包",但是自己从来没因为此事而为他们谋取私利,而是按照原则在办事。

☆--------☆--------☆--------☆--------☆--------☆

邓某某作为一名党员干部,每天都在接受党的洗礼,即便如此她对受贿腐败还不能清醒地区分和认知,反而认为这种行为是社会生活中一个普遍现象。可想而知,有些官员的父母,很少受到廉洁文化的熏陶,更不懂得区分受贿与风俗,如果领导干部再不能对父母进行约束和廉洁意识的深化,恐怕父母会陷入不法分子设下的圈套。

"红包"现象绝对不是一种新的腐败现象,送"红包"、收"红

第六章　父母拒腐助廉，拒绝"微腐败"毁了家庭

包"在中国也绝对不是个别现象，无论是哪行哪业，这种"红包"现象都或多或少地存在着。然而，作为官员或者是掌权者的父母，如果将"红包"认为是人情往来的正常现象，势必会走上贪腐之路。

官员父母要正确地对待"红包"现象，让父母明白，只有别人有所求，才会送"红包"给他们。但凡是别人所求之事，都可能需要官员用权力来满足对方的要求。这种以权谋私的行为就是犯罪、是违法的，只有父母在这个层面上有了认知，自然不会再看重逢年过节的"红包"。

与此同时，作为领导干部应该让父母明白，自己手中的权力属于人民，而非属于个别人。只有用权于民，才能将权力的作用发挥到最大。

在实际生活中，部分父母认为逢年过节，仗着子女的"官位"，收点"红包"这是人之常情，这样的官员家属也并不在少数。领导干部应及时纠正父母的这种错误的思想，让父母认清自己所处的社会环境。

☆　　☆　　☆　　☆　　☆

晚上九点多，李洪亮急匆匆回到老家，今天是中秋节，他本来已经跟父亲说好了，今天不回去陪他过中秋节了，因为他要在单位值班，但是，到了晚上七点，父亲的一通电话，让他改变了主意。

父亲在电话里说，下午家里来了一位客人，说是他的好朋友，带了一盒月饼，还给佳佳（李洪亮的女儿）一个红包，自己不收，那人却直接将月饼放到了家门口。父亲说："我不收红包，他直接塞给了佳佳。"

李洪亮是一名公安干部，很清楚这种送礼方式，他意识到事情很严重，便立刻赶回老家。到了老家，父亲手里拿着一个红包，身边放着一盒月饼。

看到儿子回来,老人着急地说道:"红包里有2000元钱,月饼我不敢打开。"

李洪亮没有在家陪女儿和父亲过中秋节,他知道送礼的人是谁,他将红包和月饼一并带到了单位,连夜交给了上级组织。

送礼的人是一位犯罪嫌疑人的家属,这位犯罪嫌疑人因强奸罪被抓,家属希望通过送礼的方式来帮犯罪嫌疑人逃避法律责任。

李洪亮将事情的经过一并上报给相关领导,最终,领导并没有对他进行处罚,反而表扬他是一名合格的共产党员。

———☆············☆············☆············☆———

通过李洪亮的案例不难看出,如果当天他的父亲收下红包和礼品,没有将这件事情告诉李洪亮,又或者李洪亮没有意识到事情的严重性,他很可能就会被腐败分子拉下马,成为犯罪分子的挡箭牌。可见,在家庭生活中,一名官员要做到清正廉明,需要整个家庭成员的支持和配合。

世界上没有白给的钱,领导干部父母要意识到无论谁给你送礼,谁给你好处,目的都只有一个,即"得好处"。父母要提升自身的廉洁意识,避免因为一个"小红包",一点"小礼物",让子女陷入贪污腐败的深渊。

一个家庭想要幸福,需要全家人一起努力,领导干部要加强家庭廉政建设,避开"节日腐败"的陷阱。同时,要让父母了解节日红包并非是单纯的礼尚往来,很可能是贪污腐化的开始。天下父母没有不希望孩子幸福的,要站在更长远的位置看待"红包"现象,避免因为一个小红包,将子女的前程毁于一旦。

6. 小贪也是腐，腐败毁一家

古人有言："勿以恶小而为之，勿以善小而不为。"这句话讲的是做人的道理，说的是不要因为是小恶便去做，不要因为是小善便不去做。在反腐倡廉的工作中，对领导干部的启迪则是：勿以贪小而腐之，勿以廉小而不为。当然，这句话对领导干部的家属也是适用的。

王安石也曾说："以小善为无益，以小恶为无伤，凡此皆非安身崇德也。"王安石的这句话更能彰显出"小恶"的危害以及"小善"的大作用。在现实生活中，部分领导干部之所以会被腐化，最终深陷牢笼，便是轻视了"小恶"，放弃了"小善"。有些贪腐之徒之所以发展成为巨贪，多是放纵家属或长辈的"小贪"行为，最终自己却成了"巨腐"。

腐败问题无小事，再小的腐败也是腐败，有损廉洁从政的要求。在家庭生活中，小腐不防，大腐难除。因此，对任何家庭成员的小贪小腐，都要力拒，即便是自己的父母出现贪腐思想，也要将这种思想扼杀在萌芽处。

2011年5月10日，《检察日报》特别发文提出"蚁贪"，积少成多，这是一种多发又常被忽视的腐败，是一种"庸常的罪恶"。2012年5月3日的《浙江日报》提出"累积式腐败"。所谓累积式腐败，指的

弘扬好家风，当好廉内助

就是那些"有心人"通过"吃喝玩乐"等看似正常的方式，获得"灰色收入"，而每次的"灰色收入"金额很小，每一笔看起来都很少，似乎不构成犯罪，但是长年累月，积累起来，却数量较大，构成了犯罪。这应当是我们最应该警惕的一种腐败方式，对于干部父母来讲，不要因为长年累月的小贪让自己成了"巨腐"，如果缺乏"小贪变巨腐"的意识，便会让家庭陷入贪腐的陷阱。

2017年5月22日，人民论坛网发表了《惩治"蚁贪"，让人民更有获得感》的文章，文章中这样写道："比如在反腐败斗争中，曾出现了'小腐不查，大腐难查'的情况，这就启发我们去认真思考如何从制度上保证反腐败从'小'抓起，从'腐芽'根除，以彻底改变'带病提拔'和'边升边腐'的怪现象。"

的确，很多小腐败都会铸成大腐，在家庭生活中，领导干部父母应该从小处着手，从"腐芽"根除，从细微处做到清廉，只有这样才能加强家庭助廉意识，让整个家庭健康和谐，避免家庭幸福被"小贪"毁于一旦。

个别廉洁意识淡薄的父母会认为收个小礼、拿个小红包、喝几瓶小酒这些都属于"小节"，怎么会影响到子女的政治生涯呢？

殊不知，正是这些不守"小节"，才导致大节难保，甚至演变为大贪巨腐。因此，作为领导干部父母，应该将"小贪也是腐"的思想灌输到家庭生活中，不要因为一时的"小贪""小得"而损坏了自己的清誉，害了自己的晚年生活，毁了整个家庭的幸福。

王某在被捕后，忏悔道："我的行为是从一些看似平常的'小事'逐渐演变为犯罪的。"王某本是某省煤矿安全监察局的副局长，因为工作的关系，他经常会与煤老板进行接触，逐

第六章 父母拒腐助廉，拒绝"微腐败"毁了家庭

渐地，阿谀奉承他的人也逐渐多了。他不拘小节，先是和煤老板们吃吃喝喝，他认为这只是正常的"人情交往"；然后是洗浴、桑拿，王某也没有认识到事情的严重性；后来他便将收钱收礼当作是"礼尚往来"。正是这些在他看来很小的问题上，王某切断了自己的政治前途。

另一个被"小礼"砸到的官员，是某省政协原主席陈某。逢年过节，别人拜年送礼，他从不拒绝，他认为平时自己不去主动向别人伸手要钱，逢年过节，别人送礼，自己也就当是人情往来了，毕竟数额也不大。因为收礼的次数多了，金额加起来自然也就多了。最终，收受贿赂总额达到124万，这也是一个小贪成"巨腐"的典型案例。

☆　　☆　　☆　　☆　　☆

对于领导干部来讲，不能将一时的小贪心当作是人之常情，更不能将一两次的小贪当作"人情往来"。在家庭生活中，要关注家庭成员的思想动态，避免父母因为"小贪"迷失心智，影响了自己的政治仕途。

"小恶"总是具备隐蔽性，干部父母如果以为收点儿"小钱"、为"朋友"办点"小事"，根本算不上什么；领导干部如果总是以自己失的是"小节"，而不是"大错"，那势必会放纵了自我，天长日久，总会酿成大恶。

领导干部应做到严于律己，不要被外界的"小恶"所引诱，更要做到清清白白做人，廉洁从小事做起。即便是自己的父母在思想上有了"小贪"的思想，也要帮助父母清除这些不良的思想。小贪必成腐，这个规律是由无数贪腐案例印证的。作为领导干部的父母，更要在细小处做到廉洁，不要为了蝇头小利丧失做人的底线，断送子女的仕途，毁了家庭的幸福安定。

第七章

手足血亲不贪不占,知法畏法不越法纪"红线"

　　国人重亲情、重血缘,讲究"手足之情""血浓于水",这就很容易形成"一人得道,鸡犬升天"的心理,然而对于廉洁之家来讲,绝对不能以"亲情"之名,做"贪贿"之事。真正的手足亲情是为彼此考虑,不给对方添麻烦,不因违法乱纪让亲情"蒙羞"。

第七章 手足血亲不贪不占,知法畏法不越法纪"红线"

1. 手足情深,多做助廉之事

手足本同根,自然情更深。兄弟姐妹之间有着血缘上的联系,感情深厚是理所应当、无可厚非的。越是手足情深,就越是应该为兄弟姐妹着想,不能拖他们的后腿,更不能因为自己的私心,丢了手足之情,毁了对方的前程。

作为官员的兄弟姐妹,要爱惜家族的兴衰,便要懂得"照顾"领导干部的仕途,不给对方添麻烦,不扯后腿。作为领导干部要明白手足情深,但不能跨过廉洁的底线,更不能为了"照顾"兄弟,做出以权谋私的事情,这样做的结果只能是害了手足,毁了自己的事业。

据相关部门统计,仅仅在 2015 年查处的 34 名省部级以上干部中,就有六成腐败案例是涉及亲属的,其中一半以上是利用职务之便为亲属经营活动谋取私利的。

在家庭生活中,有些官员希望通过自己的权力为家人谋"福利",甚至不惜一切代价,通过自己的"地位"获得家族的认可,让家族成员在外更有"面子"。很多贪官的这种"家族面子"思想,容易让自己陷入腐败的深渊。这些官员认为自己当官之后,家族荣耀就寄托在自己身上,因此会想方设法为家族谋"私利",为兄弟姐妹谋"私利"。其实,这种思想是错误的,真正关乎手足"面子"的不是金钱地位,而

弘扬好家风，当好廉内助

是清廉荣辱。关乎"家族荣辱"的并不是金钱，而是一家人是否和睦。

☆ ☆ ☆ ☆

某市原副市长谢某就因为为其姐谋取"福利"而锒铛入狱。谢某小时候家境贫寒，和姐姐相依为命，姐姐比自己大7岁，是姐姐省吃俭用供自己上学的，这是他这辈子永远都忘不了的。

"小时候，家里很穷，姐姐每天都要去打草背回来喂羊喂牛，她想尽办法供我读书，而她自己却只读了两年就辍学了。那个时候，很多小朋友欺负我，因为我又瘦又矮，随着我慢慢地长大，我开始想要证明自己，尤其是当我踏入仕途，我想让所有的人看到，曾经那个备受欺凌、最不起眼的小孩，现在已经做上大官了。后来，我回老家，曾经那些欺负我的人，看不起我的人，开始用仰慕的眼光看着我，我当时心里是十分得意的。"

谢某很勤奋，从学校毕业之后开始踏入仕途，从一名小小的职员一步步成为某市的副市长。按道理讲，他应该更加珍惜现在的事业和生活，但是他在为政期间，极力为姐姐谋"福利"。

"姐姐来找我，让我为外甥谋个差事，我其实很为难，因为知道姐姐希望我给他安排一个'正式'的工作。但是我还是答应了，我姐姐对我是有恩的，我不能忘了姐姐的恩情。"谢某利用职务之便，给外甥安排了一个在编的工作。

"第二次，姐姐找我是因为她想要在市里买一栋房子，因为外甥要结婚用。我便跟一个搞房地产开发的商人说了一声，对方直接将一套三居室的房门钥匙送给了我姐姐。其实，我只

第七章 手足血亲不贪不占，知法畏法不越法纪"红线"

是希望对方给我姐姐能便宜一些，没想要收他的房子。"谢某说道。

"后来，姐姐又找我，让我帮她买辆车，车也是别人送的，姐姐提了新车，她很高兴，外甥也高兴，我当时觉得自己终于能帮到姐姐了，能通过自己的力量让整个谢家扬眉吐气了。"谢某说道。

有了第一次贪腐，便有了更多次的贪腐。"后来，姐夫的工作晋升，姐姐买车，外甥结婚婚房装修，一系列都是我找人帮他们运作的。"谢某坦言，"我感恩姐姐将我养大，为她做再多我也不后悔，只是我不该用国家赋予我的权力谋私利，不该做对不起人民的事情。"

✧　✦　✧　✦　✧

像谢某这样的官员，在现实生活中并不少见，他们感念手足对自己的恩情，希望通过自己的力量让家族"面上有光"，这本是没有错的，只是用贪腐的手段，让自己的家族看似"荣耀"，这本身是耻辱的。

作为官员的兄弟姐妹，要有"自知之明"，不要有"仗势"的想法，要替家族的兴衰考虑，站在对方的角度去思考问题，多做廉洁之事，不给兄弟姐妹惹麻烦，不打着兄弟姐妹的旗号做违法乱纪之事，更不能事事想要搞特权。正因为自己的兄弟姐妹是国家的官员，更应该低调为人，不做给兄弟姐妹抹黑的事情。

弘扬好家风,当好廉内助

2. 不要有"一人得道,鸡犬升天"的心理

古语有言"一人得道,鸡犬升天",即一个人得道成仙,就连家里的鸡和狗都可以升天了。多是比喻一个人做了官之后,和他有关系的人也就跟着得势。现如今,人们用"一人得道鸡犬升天"来形容一个人得了权势,一家人都有了权势的现象。在中国人的思想中,将家族兴旺看得很重。家族中,只要一个人得了权势,其周围的亲戚、手足都想从中获利。家族中有一个人当官,似乎整个家族的兴旺都成了这个人的事情,这看似没什么错,但是依靠官位,沾国家光、沾别人光的行为,足以让整个家族蒙羞。

✧ ✧ ✧ ✧ ✧ ✧

2021年2月22日,四川省纪委监委官方网站"廉洁四川"发布一条新闻——四川省铁路产业投资集团有限责任公司原党委书记、董事长郭某严重违纪违法被开除党籍和公职。

这则新闻指出"郭某身为党员领导干部,理想信念丧失,纪法意识淡薄,对党不忠诚不老实,对抗组织审查;在干部选拔任用中为他人提供帮助并收受财物;亲清不分,利用职务上的便利和影响,在项目承揽、经营管理等方面为他人谋取利益,并大肆收受财物,甘于被'围猎';不重视家风建设,对

第七章 手足血亲不贪不占，知法畏法不越法纪"红线"

子女失管失教，生活腐化堕落。"

在郭某被"双开"的前两个月，其弟弟也被纪检监察部门宣布开除党籍和公职。这难道只是巧合？

当然不是，在郭某弟弟被"双开"的通报中强调了，他"利用亲属职务影响力，为他人牟取不正当权益并收受财物"。

公开报道显示，郭某率队赶赴冕宁县与时任县委副书记、县长的郭某某弟弟进行了友好座谈。次年，郭某某弟弟又率队到哥哥所管辖的四川省铁路产业投资集团有限责任公司进行考察，并表示双方"能够相互理解、相互支持、紧密配合"。之后，双方在交通建设、沿路经济等领域开始了全方位的合作。

可想而知，兄弟二人，各自利用手中的权力，展开了一场"兄弟共贪腐"的"合作"。郭民两兄弟的行为可谓是"一人得道，鸡犬升天"的真实写照。在贪腐案例中，"手足共贪腐"的案例不在少数，甚至出现了家族中一个人为官，全家族兄弟姐妹共"谋利"的巨大贪腐现象。

2021年1月24日晚，电视专题片《正风反腐就在身边》第四集《严正家风》播出，次日，《中国纪检监察报》发表了一篇《中纪委机关报批贪腐兄弟连：严家风防家族式腐败》的文章，文章中指出了湖南省人大常委会原副主任向某的贪腐经过。

2019年5月，向某因涉嫌严重违纪违法被相关部门审查调查，次年6月经调查核实，他因受贿罪被判处有期徒刑

15年。

向某的父亲曾经担任湖南省衡东县的老县长，父亲一辈子清廉正直，在当地也是有口皆碑的。

然而，向某却没有传承父亲的清廉作风，他还将经商的弟弟牵连到了案件中。向某弟弟经营了一家房地产公司，兄弟两人"相互扶持""共同牟利"，随着时间推移，兄弟俩渐渐忘乎所以，越界愈来愈远。

2018年，向某利用职务之便，帮助一位老板成功变更了土地使用性质，老板通过向某弟弟的手，向向某输送了3700万元巨额感谢费。

☆-----☆-----☆-----☆-----☆

向某没有记住父亲的叮嘱，最终导致兄弟二人一同入狱。在家族生活中，金钱、地位换不来家族的永久昌盛，领导干部要摒弃用权力为家族"谋私利"的思想，不要被手足之情影响了自己的廉洁从政之心。与此同时，更不允许家族亲人有"一人得道，鸡犬升天"的思想，不要让亲属假借自己的"官威"谋取私利、获取不义之财。不然，家族会蒙羞，家业会凋零，家庭会走向分裂的边缘。

3. 严守法纪，不做违法乱纪之事

墨子说过："天下从事者，不可以无法仪；无法仪而其事能成者无有也。"领导干部的手足要想有所作为，必须要常怀敬畏之心，严格遵守法纪法规，要牢记法律的红线不可逾越、法律底线也是不可触碰的，不仅如此，在家庭生活中，手足更要监督领导干部遵守法律、执行法律，不助长领导干部做违法乱纪之事，严格要求其廉洁奉公、执政为民。不行不法之举，不违反法律法规。

近年来，"官兄""官弟"做违法乱纪之事时有发生，难道他们不明白贪污受贿是违法的吗？他们只是抱有侥幸心理，因为自己的手足是"官"，所以他们便肆意妄为，认为自己做的一切无人知晓，胆子也越来越大，结果是将自己与手足推入了大牢之中。

☆　☆　☆　☆　☆

张某科是国企的生产科科长，他的弟弟张某明这天下班找到哥哥："哥，听说你们单位的新项目要公开招标了？"

"你打听这个干什么？"张某科问道。

"是这样，我们领导听说这事儿了，想问问看你能不能帮帮忙。"张某明试探性地说道，他很清楚哥哥的为人，哥哥之所以能坐上科长的位置，主要是因为他为人正直、工作认真。

弘扬好家风，当好廉内助

"这个事情不归我管，我不知道。"张某科严肃地说道，"如果要公开招标，你们单位直接参加投标不就行了，别想着走歪门邪路。"

张某明来之前就已经想到了哥哥的态度，但是领导交代的事情，他也希望哥哥能帮忙，毕竟领导答应了他，这件事情办成之后，会给他升职加薪。

"我们老板说了，如果你肯帮忙，他会送上大礼，我也能升职加薪。"张某明低着头说道。

"我帮不上忙，你也别想着通过这样的手段升职加薪。"张某科严肃地冲弟弟喊道，"以后你再因为这种事情找我，我就把你打出去。"

张某科明白弟弟想要升职加薪，毕竟弟弟的日子一直不富裕，当初弟弟找自己安排工作，他就没有心软，最后弟弟只好自己找到了一份司机的工作。

"你当科长之后，越来越没人情味儿了，你根本没把我这个弟弟放眼里。"张某明委屈地说道。

"你是我弟弟，你更应该知道怎么做是对的，国家的法纪在那儿摆着呢，我不能为了自己的私利做违法的事儿，你是我的弟弟，更不能有这样的想法，不然咱们家真的很危险。"张某科解释道，"我知道你的工作我没帮上忙，你心里一直怨我。可是你要知道，如果我凭自己的权力把你安排到单位，别人会拿这个事情戳我脊梁骨。现在如果我帮你老板这个忙，咱俩都得进大牢。"

张某明明白哥哥不是在吓唬自己，他只好作罢。临走之前，张某科再三叮嘱他不要做违法乱纪的事情，不然自己也保不了他。

第七章 手足血亲不贪不占，知法畏法不越法纪"红线"

不得不说，张某科这样的官员在手足看来是"冷漠"的，实际上他们是最真诚的，他们不希望看到自己的兄弟姐妹走上不法之路，更不希望兄弟姐妹做出对不起国家、对不起人民的事情。作为干部，要对兄弟姐妹的幸福平安负责，纵容他们做违法犯罪的事情，便是对其不负责的表现。

不仅领导干部要明白国家的法纪法规，在家庭生活中，也要不定时地给家人普及党纪法规。一旦发现兄弟姐妹中滋生了贪腐思想，必须将其扼杀在摇篮中，千万不要因为一时的纵容，毁了家庭的平安。

☆ ☆ ☆ ☆ ☆

唐某是某市检察院的检察官，他的弟弟是某企业的一名高管。弟弟在经商期间，借助唐某的关系网，先后替自己的企业获得了市里最大的旅游项目开发权，而弟弟也因为这件"大功"得到了企业百分之三的分红，唐某则以"劳务费"的形式，先后两次收受贿赂高达300万元。最终，唐氏兄弟被捕入狱。

☆ ☆ ☆ ☆ ☆

唐某不但没有将国家的法纪法规带回家，更是纵容并帮助弟弟做违法乱纪的事情。最终，自食其果，毁了自己的政治前途，也毁了弟弟的事业。像唐某这样的贪腐案例并不是个例，近年来，"兄弟连"贪腐现象层出不穷，成为贪腐形式中一种常见的方式。

在国法面前，人人平等。不管你是多大的官，也不管你是"官哥哥""官姐姐"，只要你敢做出违法乱纪的事情，就一定会受到法律的制裁和处罚。领导干部要有更远的眼界，要考虑到手足亲情，更要考虑国法大义，不要因为一时的心软，将党规法纪抛之脑后。作为领导干部的兄弟姐妹，要以干部清廉从政为荣，理解领导干部的艰辛与清正行为，不给领导干部出难题、找麻烦，更不做领导干部清廉从政的绊脚石。

兄弟要有同样的廉洁之心、清明之心，不要有"共贪"之心，否则整个家族会蒙羞，这个家庭会变得毫无幸福可言。

4. 廉洁用权，手足不能搞特权

树立正确的权力观，是领导干部做到廉洁用权的有力保障。在一定意义上，要执好政，就需要用好权，打造高素质的领导干部队伍，而这一切的基础则是需要树立正确的权力观。领导干部的权力观一旦发生扭曲，势必会导致出现政治上的变质、经济上的贪婪、家庭生活上的腐化。因此，领导干部要拥有正确的权力观，离不开手足助廉，作为领导干部的兄弟姐妹，不要想着"走后门""搞特权"，否则势必会诱导领导干部陷入贪腐的深渊，导致整个家族陷入绝境。

权力是公器，这就意味着用权于民，而非用权于私。作为领导干部的兄弟姐妹，要不断地提高自我人格修养，坚守道德底线，不因亲情而滥用权，更要做到心中有所畏惧，做到言有所戒、行有所止。不仅如此，更要划分清楚公私界限，始终坚守道德底线，做到清清白白为人，堂堂正正做事。

第七章　手足血亲不贪不占，知法畏法不越法纪"红线"

有一位负责法律、政法的市级官员，他远嫁外地的姐姐打电话，说要来看他，他十分高兴，毕竟自己和姐姐已经五年没有见过面了。

姐姐来了之后，直接表达了自己的要求，原来姐姐的生意遇到了麻烦，她希望这位市级官员能够"动动人脉""用用权力"。这位官员却直接拒绝了，并向姐姐解释道："我负责的是政法工作，我比任何人都了解公权私用的后果，所以我真的帮不上忙。"

姐姐很失望，生气地骂道："你当了大官，现在六亲不认了，以后你就当没我这个姐姐。"说完，姐姐转身离开了。他明白姐姐可能不理解自己，但是自己问心无愧。

在中国，廉洁的官员不少，他们经常被手足认为是"六亲不认""冷血动物"，也只有他们自己明白，权力是属于国家和人民的，自己没有权力用在私事上。

作为干部要坚守"法定职权必须为、法无授权不可为"为政的基本底线，自觉遵守法律的约束行使权力，不仅如此，作为领导干部的手足，要明白官员廉洁用权的重要性，将手足之间的"以权谋私"思想扼杀在摇篮里。

某医院原副院长郑某因贪污罪被捕，他从一名小小的乡镇医生，成为一名市级医院的副院长，其过程可谓十分艰辛，在其地位的变化过程中，他的初心也发生了变化。

弘扬好家风，当好廉内助

"在为医生之初，我希望自己能成为一名好医生。后来，在我成为副院长之后，我希望自己能拥有更大的权力。"郑某说道。

郑某落马，很大程度上要归结于其表弟。他的表弟是当地某公司的一名医药代表，为了将自己企业的药品"引进"大医院，表弟开始"游说"郑某。按照表弟公司提出的医药价格，是不可以进入医院销售的，而郑某决定为表弟所在的企业"搞特权"，原因很简单，因为这家企业直接送给郑某一张银行卡，里面有30万元的存款。

郑某拿了钱，自然要替别人办事，表弟所在公司的医药顺利地进入了大医院，其价格要比市场上同类药品贵很多。

这是郑某贪腐的开始，之后，他又接二连三地收到表弟领导给予的"好处费"高达160万元。因为表弟的业绩突出，公司领导给予他月薪2万元的待遇，表弟有钱之后，开始吸毒。表弟因吸毒被抓，这才牵连出郑某腐败一案。

领导干部要时刻牢记自己的权力是人民赋予的，权力是用来为人民谋福利的，而不是为手足搞特权的。有些官员的兄弟姐妹，仗着"官威"，到处敛财，不惜牺牲官员的清廉之名，做出一些违法乱纪之事。

刘畅（化名）作为一名厅级干部，他在工作会上强调："我绝对不允许自己的亲属在我工作的地方办企业，更不允许他们打着我的旗号走后门、搞特权、拿项目，所以在场的所有人，如果发现有我的亲属在做违法乱纪之事，请大家坚决不要姑息，该举报的举报，该逮捕的逮捕。"

刘畅树立了正确的权力观，他明白廉洁用权的重要性，同时，他也在用法律法规约束自己的亲属，避免他们做出违法乱纪之事。

☆　　☆　　☆　　☆　　☆

领导干部的兄弟姐妹要当好"廉内助"，就需要树立"廉洁用权"的权力观，更要具有廉洁用权的意识。"权为民之福杖，廉乃官之仪表。"不仅领导干部要心中有戒尺，心中有畏惧，领导干部的手足也应该做到坚守廉洁底线。领导干部要接受手足的监督，真正做到政治立场不动摇、理想信念不淡化，防止被腐败分子"围猎"，不让犯罪分子有可乘之机。同时，作为领导干部的手足，要接受人民的监督，要习惯在"聚光灯"下做事情，不因是某个官员的"官弟弟""官哥哥"而搞特权，行不法之事。

5. 敬畏法律，手足亲情不能触碰原则底线

人要有敬畏之心，就像一根底线在时刻警示我们，无论做任何事情，都要对得起自己的良心。"敬"就是尊重，"畏"就是害怕，敬畏之心要求人们做任何事情、在任何时候都不能心存邪念，保持如履薄冰的谨慎态度、战战兢兢的戒惧意念。人一旦失去了敬畏之心，就不懂什

弘扬好家风，当好廉内助

么是尊重，什么又是害怕，就会变得肆无忌惮，行为上表现出为所欲为的状态，交流中表现出想说什么就说什么的状况，可谓是无法无天。这样的人就如同是一个定时炸弹，你不知道他什么时候会爆炸，也不知道爆炸后的破坏力会有多强，这是相当可怕的事情。

古人有云："戒慎乎其所不睹，恐惧乎其所不闻。莫见乎隐，莫显乎微，故君子慎其独也。"现在，少数领导干部亲属做事情言行不一、表里相背，人前一种做派、人后另一种做派，这样的官员亲属不可能敬畏法律。而有些干部的手足兄弟懂法、知法，但扛不住诱惑，最终，触碰了法律红线，走上了知法犯法之路。

作为领导干部的手足，要树立敬畏法律的意识，加强自我修养，坚守原则，保持头脑清醒，时刻紧绷遵守法律这根弦，不触碰法律底线，时时刻刻用法律规范来约束自己的行为，自觉坚持依法办事。作为领导干部的兄弟姐妹，更应该多替掌权者考虑，要时刻提醒自己不触碰法律底线，更要劝诫领导干部，不要做违法乱纪之事，只有这样，兄弟之情才能长久，姊妹情谊才能成稳固，真正成为领导干部的"廉内助"。

☆　☆　☆　☆　☆

清顺治年间，一个叫侯抒愫的人，他任潍县知县时清正廉明。当时有一位大商人，遭了官司，数十位官员为这位商人求情，侯抒愫则闭门不见。侯抒愫为官清正与其哥哥的教导是分不开的。当初，侯抒愫作为知县时，他的哥哥侯抒悾就劝诫说："我们家世代清白，你如果在职贪一文钱，我就不认你这个弟弟了。"

☆　☆　☆　☆　☆

"畏则不敢肆而德以成，无畏则从其所欲而及于祸。"保持敬畏之

第七章　手足血亲不贪不占，知法畏法不越法纪"红线"

心，这是人生的大智慧，世人将敬畏之心当作一种人生态度，也是一种行为准则。近年来，数以千计的贪官落马，难道是因为他们不懂法纪？不，主要是他们视法律为儿戏，有法不依、执法不严，甚至因为亲情丢了自己为政的底线，出现徇私枉法的行为，最终断送了自己的政治前途。因此，领导干部亲属要发自内心的信服、信仰和敬畏法律，做真正懂法、用法、尊法的"懂规矩"的人，不扯掌权者的后腿。

元好问在诗里说："能吏寻常见，公廉第一难。"顺他的意思说下去，应该是"当官要公廉，亲情第一难"。的确，亲情是温柔的，它能温暖一个人的内心，但是也能毁了一个领导干部的人生。在亲情中，手中之情是领导干部所看重的，作为领导干部的手足之亲，不要仗"官威"、不能违法纪，这便是尽自己的努力去维护手足之情。

✧　✧　✧　✧　✧

李飞（化名）是某市环保局的局长，他所在的工作单位距离自己的老家其实也就百十公里，但是他已经有三年没有回老家了。在老家，他还有一个身为农民的哥哥，哥哥在乡下以务农为生，生活上并不算富裕。

经常有人在李飞哥哥面前说："你弟弟都当了大官了，让他在市里给你弄套房子，再给你安排个工作，去市里生活多好。""你弟弟有能耐了不认你了吧？几年没回来了？人家都说当了官就忘了本，我看他自己享清福，早忘了当初你放弃上学的机会，供他上学了。"

每次听到这样的话，李飞的哥哥总是解释道："他当官，就成了公家人，做事儿能只想着自己家吗？再说，我有手有脚，不需要他帮我做啥。"

李飞上次回来的时候，他对哥哥说："哥，我对不住你，没把你和家人照顾得更好。"

哥哥却说："你好好当你的官，我们在乡下过得很好，别像那些贪官那样，贪国家的钱，只要你当个好官，我就高兴，你要是敢做贪官做的事儿，你回来我就不认你是弟弟。"

李飞谨记哥哥的话，他心里很清楚，只有自己遵守法纪，做一个清白的人，哥哥才能安心，这就是哥哥"高兴"的事儿。

作为领导干部的手足，要时刻坚守廉洁底线，督促领导干部以法律作为行为的准绳，心中要装国家大义，而不要为家庭小情所影响。对领导干部来讲，只有心存敬畏之心，才能抵挡住手足之情的诱惑，才能做到堂堂正正为人，踏踏实实做事，才能永远走在法治的道路上不偏离。

作为领导干部的兄弟姐妹，要学习国家的法律法规，用法律法规约束自己的行为，不要做违法乱纪之事，更不要打着亲情的幌子，诱导领导干部，让他们走上违法乱纪之路。

领导干部及其手足要树立敬畏法律意识，"有所畏"也要"有所为"。"有所畏"是一种自我约束，是将权力关进制度的笼子，在法律的约束下，做到"有所为"，不做不该为之事。同时，不要让手足之亲陷入腐败的陷阱，不被手足的乱纪行为所累。

6. 重视法规，不搞"暗箱"操作

什么是暗箱操作？指的是利用职权暗地里开展某些不公正、不合法的事情，也被称作黑箱操作。"黑箱操作"或"暗箱操作"已经被用于政治生活和经济生活领域，在政治生活中，这种做法不仅违反社会公平，更是一种违法乱纪的表现。

在贪腐案例中，不乏违反党纪的人，他们没有将法规作为自己为政之根，在手足亲情的迷幻阵中迷失了自我，失去了本心。作为领导干部的兄弟姐妹，更应该树立法规意识，做任何事情都不能触碰法律底线，更不能行不法之事。

☆ ☆ ☆ ☆ ☆

某市人事局公务员管理处原调研员、处级干部吴某，利用职务之便，在深圳市招考、选调公务员、职员聘用的过程中，进行暗箱操作，吴谋和弟弟一起"联手"，非法收取应考招聘人员红包将近200万元。

吴某走上贪腐之路，原来要"归功"于自己的亲弟弟，吴某弟弟第一次是让吴某帮何某的妻子陈某调到某医院工作，何某给予吴某兄弟二人13万的"好处费"。这只是一个开始，

弘扬好家风，当好廉内助

之后吴某被其亲弟弟拽入了贪腐的旋涡。

吴某没有经受住弟弟的哀求，先后将弟弟朋友林某的儿子、女儿、女婿调入深圳市工作，自然也少不了收取"好处费"。

吴某一次次的暗箱操作，对其他应聘人员来讲是不公平的，从国家角度来讲，他的做法违背了法律法规，从思想内核来讲，吴某没有树立正确的法律观和政治观，没能做到廉洁为公、依法为政。

法规是立党为公的基础，也是社会公平的有力保障，更是领导干部坚守党性的有力约束。如果领导干部的兄弟姐妹不将法律法规放在心上，不能时刻用国家法规来提醒自己、约束自己，势必会被贪腐分子"围猎"，成为贪腐分子谋取私利过程中的一枚棋子，而兄弟姐妹也会因为贪欲，置家庭清誉于不顾。

某县政府投资工程建设项目进行招标，围标单位超过40家，中标单位却早已内定。招标过程只不过是"走形式""搞样子"。

中标单位既不是行业巨头，更不是行业中的领军企业，而是一家从来没听说过的新成立的企业。

这家企业顺利中标，顺利地拿到了这个上亿元的项目，这是多么戏剧性的一幕。这种现象在这个县的重大项目建设方面已经见怪不怪了，私下许多当地的投标企业都很清楚，这家新成立的企业是县里某领导的亲弟弟经营的，搞投标只不过是"走过场"。

第七章 手足血亲不贪不占，知法畏法不越法纪"红线"

原来，这家中标企业的创办人正是县委副书记的亲弟弟，这家公司的成立就是为了承接县里重大的项目。而县委副书记本以为这件事情没有人知道，但这件事还是被人举报，最终，投标结果作废，这次中标结果成了废标，而相关人员也受到了应有法律的惩处。

☆　☆　☆　·　☆　·　☆

在法规法律面前人人平等，无特权可讲。作为领导干部的手足，应该重视自身的法律法规意识，从内心深处了解法规的重要性和严肃性。与此同时，帮助领导干部建立法律意识，树立正确的法治观，按照法律法规来做事情，不做违法乱纪之事，不让手足陷入违法乱纪的陷阱。

领导干部的亲属要清楚，不管你是谁，不管你有怎样的政绩，也不管你拥有怎样的地位，在法律法规面前，你毫无特权。而作为领导干部的兄弟姐妹，要做领导干部的"廉内助"，就要摆正自己的位置，在生活中，领导干部是你的亲人，但是在法律面前，领导干部不是你的"哥哥""弟弟""姐姐""妹妹"，他是人民的"官"，手中的权力是国家和人民赋予的，你没有权力将公权用于私处，更不能在领导干部面前吹"贪腐风"，让领导干部给你"开后门"、搞暗箱操作。这样做只会害掌权者陷入贪腐的陷阱，让手足之情化为乌有，让整个家族蒙羞。

手足助廉，就需要家庭成员重视法规，分清哪些事情该做，哪些事情不该做，哪些行为违法，哪些行为守法，不仗领导之名走后门、搞特权，不做违法乱纪之事，要做掌权者的好兄弟、好姐妹，万事不让领导者为难，不替不法分子"讨人情""搞黑幕"，踏踏实实做人，清清白白做事，成就祥和稳定的家庭氛围。

第八章

树立正确的社交观，纯洁交友守住家庭"廉政圈"

人生在社会中，必然会形成自己的社交圈。"君子与君子，以同道为朋；小人与小人，以同利为友"，可见，朋友相交，要谨遵廉洁的交友原则，不以权势而交、不以尊卑而交、不以利欲而交，做到纯洁交友，只有保证自己的朋友圈无贪腐之徒，才能避免"近墨者黑"。因此，端正交友观，净化人脉圈，这关乎领导干部是否能做到"真廉"。

第八章　树立正确的社交观，纯洁交友守住家庭"廉政圈"

1. 朋友要交，但别拿友情当谋财"令箭"

所谓朋友，指的是在任意条件之下，双方在认知层面上关联，不分年龄、性别、地域、信仰、种族，符合双方的心理认知，可以在对方需要帮助的时候给予帮助的人。人生活在社会中，必然需要与外界进行交流，因此，在遇到心灵相投之人时，便可以与对方结交成为朋友。

莎士比亚曾经说过："有很多良友，胜于有很多财富。"可想而知，人不可没有朋友，但是交朋友要交良友，而不能乱交友、滥交友，特别是一些官员领导，交朋友要慎之又慎。家庭成员要交畏友、诤友、益友，千万不可与那些别有用心的人交朋友、谈哥们儿义气。同样，要想成为领导干部家属的真朋友，就必须做事情时为对方着想，不要"万事求人帮"，更不要"事事走后门"。朋友不是相互利用的，而是相互成就的。

某市财政局原局长李某被判刑之后，后悔地说："总结来总结去总结出一句话，就是铁哥们儿把铁哥们儿送进了铁笼子。"这句话说出了多少贪官的"心声"，在贪腐案例中，很多官员都是被所谓的"铁哥们儿"送进了牢笼。

弘扬好家风,当好廉内助

近年来,许多贪官已被"好兄弟"送进了大牢。可是,仍有极少数官员领导不去思考,甚至不将前车之鉴当回事儿。他们还在和那些形形色色的"兄弟"推杯换盏,沉迷于灯红酒绿。最终,也只能是吃了"兄弟"亏,进了国家牢。

友情乃是人之常情,不管是干部家属还是普通家庭,都需要交朋友,也会有自己的朋友圈子。但是与普通百姓不同的是,领导干部和其家属,需要在交友的时候擦亮眼睛,不能被利欲熏心之徒所利用,更不能打着交友的旗号,为自己谋私利、贪私财。

李白有句话:"人生贵相识,何必金与钱。"所谓情趣相投,便志同道合,君子之交淡如水。领导干部要结交君子,而远离小人,要为真情而交友,不为利益交换而交友,只有感情沟通,才能铸就美好的友情。时下,有些所谓的"朋友"就是瞄准了官员手中的权力,千方百计地想要与之接近,接近不成,便将目标锁定为领导干部的家属,可谓是"项庄舞剑,意在沛公",这些人心中打的算盘是"送出一颗枣,收回十顷粮"。这些人平日里请官员家属吃喝玩乐,与他们亲密无间,实际上是在用"友情"将家属套牢,他们极大地希望官员家属能与他们同流,因此,作为领导干部的家属要谨慎交友,并交真正的朋友。

领导干部要交朋友,这无可厚非,也是人之常情。但是要交真朋友、真兄弟,而不是结交一些处心积虑之人,被这些人的利欲熏心传染,成为万人唾弃的贪官。家庭要助廉,就要监督领导干部结交"廉友",只有这样家庭才能稳固,幸福才能长远。

近年来,从查处的犯罪案例中发现,许多官员家庭走上贪腐道路,都是被"友情"所累。他们与"兄弟"在一起,"兄弟"会将自己的赚钱之道"传染"给领导干部及家属,而"兄弟"又是最了解干部家属的人,他们了解干部家属的各种"小爱好"。于是,便想尽办法满足领导家属的爱好。从领导干部家属口中，他们了解到领导干部爱财，他们便将财富送进门；领导干部爱玩儿，他们就想尽玩乐之事；领导干部爱酒，他们就给领导干部送各种美酒……这些极其"殷勤"的"兄弟"，他们打着友情的旗号，为领导干部提供一切便利，而领导干部需要为这些"友情"埋更大的单、还更大的债。不仅如此，有的贪官将友情当"令箭"，认为自己不是在行贪腐之事，而是在为朋友、兄弟帮忙，自己获得的不义之财也不过是朋友的"礼物"。显然，这种拿友情当作谋财"令箭"的行为，是一种看似有情有义的行为，实则是一种对国家、对人民不忠的行为。

交朋友交的是人心，而人心难测，家属不要被所谓的"哥们儿情义"所迷惑，从而掉入"兄弟"设好的陷阱，成为腐败分子"围猎"的对象。最终，害了掌权者，也害了自己。

2. 划分好友情与原则的界限

界限，指的是不同事物之间的分界。事物的划分需要一定界限，只有明确界限，才能做到是非分明、黑白分明。领导干部在交友的过程中，不仅要区分真朋友和假朋友，更要区分什么是友情，什么是原则。友情再贵重，也不能打破权力的底线，否则你所交的朋友便不是真朋友，你所认为的友情可能只是"利益关系"。

弘扬好家风，当好廉内助

人与人交往，随着频率的增加，自然会变得熟识，因此，你会自然而然地将对方定位为你的"朋友"。家庭成员在生活或工作中，也会与他人进行深入交往，彼此以"朋友"相称。当两个人之间建立了所谓的友情，表明两个人的内心已经对彼此十分认可，在遇到任何事情的时候，自然会想到"友人"，这种情感上的联系是无可厚非的。但是，作为领导干部的家属，要清醒地认识到，与对方友情再深，也不能用友情当"利剑"去攻击为官的底线与原则。

清正廉明是领导干部为官的基本原则与底线，也是家庭成员必须坚持的交友底线。一名官员如果不能做到清正廉明、公私分明，那么很难称之为合格的官员，家庭成员如果一味地重视友情，朋友请求的事情无论是否合法一切"帮办"，势必会触及清廉为官的底线，这样的友情也不会长久，掌权者的仕途也会断送。

诗人赫巴德说过："一个不是我们有所求的朋友才是真正的朋友，交友不是为了向对方索取什么。"领导干部家属要意识到凡是打着"求你办事"来接近你的人，都不能称之为朋友，你们之间的情谊也不能称之为友情。真正的友情是无所求的、无所图的。

☆ ☆ ☆ ☆ ☆ ☆

某县交通局原局长晏某因受贿2226万元，被判死刑，剥夺政治权利终身，并没收个人全部财产。作为一名县级领导，他究竟是如何一步步陷入贪腐的陷阱的？

要想知道晏某的受贿之路，就需要先了解行贿人周某。周某行贿数额庞大，最多的一次达到了150万元，他竟然是用两个麻袋装着钱，在路边交给晏某的。而周某与晏某的相识、相交看似是正常的交友过程。

在晏某升任交通局局长之后，有很多人希望能与他结识。

第八章　树立正确的社交观，纯洁交友守住家庭"廉政圈"

当时是建筑老板的周某是经人介绍认识晏某的，在第一次见面的时候，晏某便与周某相谈甚欢，晏某当时认为周某为人不错，算得上是在和自己推心置腹的交谈，认为周某是值得深交的朋友。随后两人有了几次接触，在接触的过程中，周某从没有提过工程的事情，这让晏某坚定了自己的想法。

之后，晏某妻子付某希望将孩子转到主城区的名校读书，她随同孩子去陪读。这件事情被生活在主城区的周某知晓，周某帮晏某看了一套房子，并帮他的孩子联系了一所名校。晏某十分感动，但是觉得无功不受禄，回绝了周某，周某却说："我们也算是朋友了，你工作忙，没时间去找房子，我就当是给你跑跑腿。"

因为这件事情，晏某更认为周某是一个可交之人。之后，晏某利用自己的职务之便，与周某"合作"，以周某公司的名义，参加了项目投标，并向周某透露了标底，自然，周某中标。

因为工程交给了周某，周某自然知道要"回报"晏某，于是便给晏某送了"好处费"，不仅如此，周某还牵线搭桥，将另外一家公司的老板范某介绍给了晏某，之后只要是有项目上的往来，都会收到周某等人的"好处费"。

通过晏某贪腐之案例，不难看出，在官员因贪腐被抓之前，身边都会出现所谓的"朋友"，这些"朋友"会打着友情的名义，为官员两肋插刀，做所有的事情。这些"朋友"都是一些老江湖，他们深知人情世故，更懂如何见机行事，他们明白官员的心理，更懂如何取悦贪官。渐渐地，官员便忘了做人、做事的原则，心中只有所谓的"兄弟之情"

"哥们儿情义"。最终，官员会被这些所谓"朋友"带入腐败的深渊，被"友情"的糖衣炮弹炸飞。

领导干部家属要清楚一点"原则比感情重要"。在为人处世的过程中，要将原则放在前，将感情放在后，要讲感情，但必须讲原则，只有这样才能避免自己走上腐败之路，才能避免不带坏家风，才能保证自己在廉正的道路上越走越远。

孔子有言："君子成人之美，不成人之恶。小人反是。"真正的朋友会成全别人的好事，而不会促成别人做坏事，小人则会相反。干部家属要交朋友，如果所谓的朋友做的事情是在将自己往犯罪的道路上领，那么这样的人便是"损友"，而非朋友。如果家属所交的朋友能做到洁身自好，并提醒官员为政清廉，那么，这样的朋友才是值得深交的朋友。

古时候，有一位寒门学子，经过自己多年的苦读终于高中，当上了县令。在刚上任时，乡绅们纷纷来拜访，他都将其拒之门外。

这天，门童又跑来相报，说门外有人拜见。他以为是乡绅为了讨好或有事相求，来拜访自己，便让门童告知门外的客人，就说自己不在府里。

县令在府里读了半天书，决定出门去查看民情，来到门口，看到在自己的大门口石柱子下坐着一个人，这个人衣衫褴褛，但是相貌很熟悉。走近一看，原来是自己的旧友。

他走上前去，向旧友道歉："是我待客不周，让好友在门外苦等了半日。"

好朋友看到这位县令，起身鞠躬说道："你能拒绝乡绅进

第八章 树立正确的社交观，纯洁交友守住家庭"廉政圈"

门，做一名清廉的地方官，我便再等半日又何妨？"

他邀请好友进府里，问好朋友是不是遇到了什么事情，需不需要自己帮忙，好朋友说道："如果我因为私事让你动用权势，那我便是罪人，我只是路过这里，听说你成了这里的父母官，我便想要来看看许久未见的旧友。"

他听了朋友的话，起身向好友行礼，说道："你乃是最知我的人。"

饭后，好友趁他睡觉，独自一人离开了。

他睡醒，发现好友离开了，便感叹道："他才是助我廉明的人。"

☆☆☆☆☆

古人皆知为朋友好就不应做有所图之事。今天的官员更应该明白，如果为了自己的权力才来拜访自己的人，往往不是真正的朋友。即便是自己的朋友，在原则面前，也要让路。真正的朋友不会突破友情的界限，更不会让领导干部为了自己触及廉洁的底线。因此，分辨益友和损友是干部家属不被友情拖下水的关键。而作为干部家属更应该坚守廉洁底线，不被友情拖下水，不因一些有违廉洁之事，而损害掌权者的名誉和前途。

弘扬**好家风**，当**好**廉内助

3. 多交"廉友"，拒交"贪友"

欧阳修曾写道："君子与君子以同道为朋，小人与小人以同利为朋。"结交朋友足以看出一个人的人品，君子善交志同道合之人，小人因利益而相聚。领导干部及其家属在交友过程中，要远离"贪婪"之人，这些人善于用利益作为诱饵，引诱他人"上钩"，一旦与这些人达成利益上的勾当，势必与其一样成为贪婪之人。

家属不仅要净化个人的社交圈，更要净化家庭的社交网，要多交益友，不交损友，所谓益友就是要多交廉洁的朋友，不交贪污腐败的朋友。

某市市委原副书记唐某成为众多商人追捧的对象，并且他为了保险起见，只收"核心圈"熟人的钱，他以为这样就能做到"滴水不漏"，最终还是东窗事发，受到法律严惩。唐某之所以会成为贪官，主要是因为他结交了许多不法的商人，这些商人以朋友的身份与其交往，天天与这些商人出入高档娱乐场所。在交往之初，他还要求商人不要给自己带礼物，但是随着自己的贪欲增大，他开始主动要"好处费"。

闫某本是某区的副区长张某的丈夫，他为了替"好友"

| 第八章　树立正确的社交观，纯洁交友守住家庭"廉政圈"

谋取企业上的利益，不惜怂恿张某利用职务之便，向"好友"透露招标的标底，帮助"好友"中标。又在招标成功，但没有开工的前提下，直接给"好友"打款 1000 万元作为预付金。"好友"公司偷工减料，最终造成工程延期、出现工程质量问题。而闫某从中获得了 560 万元的"好处费"。

唐某和闫某深受"贪友"之害，归根结底，还是自身没有树立正确的交友观，他们身边所谓的朋友，不能称之为朋友，只能称之为"贪友"。

✦ ✦ ✦ ✦ ✦

古人讲，君子先择而后交，小人先交而后择。即君子交朋友是先进行选择之后再深交；小人交朋友是先交往，再选择对自己有利的朋友。运用到现如今，部分贪官家属交友的步骤往往是这样的：第一次见面便开始杯酒交错、言交朋友；第二次见面变成了熟友旧友，开始"共谋大事"；第三次见面就成了"哥们儿好友"；第四次见面就开始收钱收礼，怂恿掌权者为其办事。几次下来，官员家属陷入了"贪友"的圈套，无法抽身，只得乖乖就范。

✦ ✦ ✦ ✦ ✦

某市财政局原局长李某，判刑之后她在谈及自己为官至此的体会时，说道："就是丈夫的'铁哥们儿'把我送进了牢笼。当时，手里有点权力，他的'铁哥们儿'忽悠我，让我得意忘形。以为自己有了本事，围在自己身边的朋友就多了，前呼后拥，一句一个'李局'，叫得我忘了自己是谁，其实这些人是奔着我手里的权力来的。他们通过我的丈夫跟我交朋友，不是因为真的把我和我丈夫当朋友，就是个傻子坐在这个

弘扬好家风，当好廉内助

位子上，他们也会和傻子交朋友，而我现在就觉得自己是个傻子，现在才明白这个道理。"

穷居闹市无人问，富在深山有远亲。穷困潦倒的人走在集市上也无人问津，而拥有富贵权势之人即便身居山里也会有远处的亲戚探望，具有功利心的人看重的只是你身上是否具备自己需要的权力，而不在乎你是怎样的人。有些官员家属心存侥幸，认为自己结交一两个"贪友"又会如何，即便自己和这些"贪友"交往甚密，自己也不会越雷池半步，更不会连累到领导干部本人。然而，想象总是丰满的，而现实往往是残酷的。这些贪腐之人擅长"温水煮青蛙"，他们会在点滴中，引诱你、诱惑你、感染你，让你跟着一起学坏，跟着一起变臭，跟着一起成为贪腐之人。因此，从根源着手，作为领导干部的家属要拒绝结交"贪友"，不让贪腐之人进家门、入政门，他们自然就无法用不义之财引诱你、诱惑你、感染你，领导干部则不会成为腐败分子，你也就不会成为"助贪"的工具。

"近朱者赤，近墨者黑"说的就是交友的道理，一个接近清廉的人，自然也会变得清正廉明，一个接近贪腐之人，自然也会成为贪腐之人；一个家庭容许清廉的朋友进家门，自然家庭中会充斥着清风正气，一个家庭允许贪腐之人进家门，自然家庭中会弥漫着贪腐的乌烟瘴气。作为领导干部的家属要时刻保持警惕之心，注重"净化生活圈"，防止"近墨者黑"。不仅如此，领导干部也要树立正确的交友观，净化社交圈，防止污秽之徒玷污清正家风，影响家庭幸福。

第八章 树立正确的社交观，纯洁交友守住家庭"廉政圈"

4. 不拉帮结派，不搞"利益圈"

拉帮结派的意思是组织帮派，搞小集团活动，即圈子主义。干部是党的干部，不是哪个人的家臣，更不是哪个利益团伙的"老大"。有的领导干部家属奉行拉帮结派，搞团团伙伙，组建"利益圈"，搞"圈子文化"，每天不是将工作放在首位，而是整天琢磨拉关系、找门路，想的是与谁搞好关系，抱谁的大腿，但事实证明，这样的干部家属终会因为自己的"利益圈"而毁了掌权者的仕途，也会毁了整个家庭的幸福。

"圈子"是生活中常见的一种现象，人们喜欢建圈子，习惯了以"圈子"论亲疏，有的干部整天忙着应酬各种"圈子"，寻找"老乡圈""同学圈""战友圈"等，利用各种圈子来打开自己的"人脉圈"，无论是什么年龄、职位、身份都可以成为一个圈子。不得不说，圈子文化是十分可怕的。小则成为某些人谋取私利的工具，大则影响社会稳定，造成社会秩序混乱。尤其是某些贪官家属利用"圈子"进行结党营私、拉帮结派，帮助贪官培植"自己人"，甚至通过利益交换，为家庭捞取好处。

当"团结"成了"结团"，家属整天处在自己的"利益圈"，势必会被不法之徒"套牢"，最终将清正廉明的家风抛之脑后。所以，领导干部家属要牢记不做有损家庭稳定、事业前途的愚蠢之事，更不要搞

"利益输送圈",否则会成为不法分子"围猎"的对象。

《论语》有云:"君子周而不比,小人比而不周。"这句话的意思是君子团结群众却不拉帮结派,小人拉帮结派却不团结群众。

☆ ☆ ☆ ☆ ☆ ☆

唐代文学家、政治家裴度,一生平定淮西,在朝攻击宦官,还向朝廷推荐了四代优秀的官员。他在宪宗朝担任丞相时,不偏不倚,只对事不对人,他不回避权势,不惧怕宦官的势力,维护丞相和朝臣的政治权力。不仅如此,裴度为人实在,他向朝廷推荐了许多有用之才,但是他从来没有推荐自己的亲友在朝廷担任官员。

在晚唐,朝廷官员相互勾结,组成帮派,而裴度却没有拉帮结派,他反对权力奸臣,只坚持向政府推荐人才。所以,《旧唐书》中写他"威望、美德和勤奋堪比郭子义"。

☆ ☆ ☆ ☆ ☆ ☆

裴度并没有利用自己的权力,在朝廷中建立自己的利益圈,他也不允许家属与显贵之人接触,更不允许家属帮自己拉关系,这才成就了他的美名。观古论今,领导干部家属一旦有了帮派主义,便不能将廉洁家风传承下去。但是在生活中,还是有极少数官员家属为了牟取不正当的利益,出现"山头主义"的倾向,他们不惜搞"小圈子",甚至还将"小圈子"搞成"大圈子",最终,事情一旦暴露,呈现出"一窝""一串"的贪腐现象。

☆ ☆ ☆ ☆ ☆ ☆

朱某的丈夫是市交通局综合执法支队大队长,为了能帮到丈夫,她喜欢帮丈夫拉帮结派、搞小团伙,她经常对其他同事说:"在机关工作,一定要跟对人,千万不能站错队。"为此,她不但刻意去结交某市委副书记的妻子王某,还让自己的女儿认王某做干妈,除此之外,给王某送礼成了"家常便饭"。因为交往得多,王某也会将朱某视为自己人。朱某的丈夫自然也成了领导眼前的"红人"。

☆ ☆ ☆ ☆ ☆

像这种结党营私的腐败案例并不少见,朱某为了领导干部的事业更顺利,便想尽办法去接近上级领导的家属,试图通过讨好、行贿等手段来成为其"圈内人"。可想而知,这样的家属怎么可能会督促领导干部做廉洁之官呢?

领导干部家属在生活中拉帮结派,这就必然会产生庸俗化的交往关系,这种交往关系不利于家庭廉洁,更容易滋生腐败现象。庸俗化交往关系主要表现在以下几个方面。第一,酒肉朋友。少数领导干部家属频于应酬,讲究迎来送往,因此,用公款建立起来的酒肉关系,既败坏了党风政风,对家庭稳定也十分不利。第二,出现庸俗化的娱乐关系。少数领导干部家属经常以各种理由出入一些高档消费场所,通过这些娱乐场所,官员家属势必会扩大自己的"利益圈",从而助长了奢靡颓废之风。第三,相互吹捧现象严重。少数领导干部家属练就了溜须拍马、八面玲珑的本领,他们将这种本领应用于工作中,对上掩盖贪官的罪行,对下帮助贪官做贪赃枉法之事。这些庸俗化的交往关系让官员在岗位上不能认真工作,甚至将领导干部拖入腐败的万丈深渊。

纵观近年来的腐败案件,"窝案、串案、案中案"的现象不在少数,因家庭中一人贪腐,牵扯出"一窝""一串"的腐败之徒,这无疑是拉帮结派的结果。干部家属爱交朋友,这本无可厚非,而少数领导干部家属错就错在好搞"小圈子",他们的目的是为了获取私利,为自己的"利益圈"输送利益，进而扩大自己在圈子里的影响力。

　　干部家属要端正自己的交友观，不要被眼前名利所累、不为物欲所惑，远离贪腐的"小圈子"，靠拢"大家子"，将家庭幸福放在首位，不可做出有悖家庭稳定的事情。

5. 不以权力大小为交友依据

　　曾国藩曾说过一句很有道理的话："一生之成败，皆关乎朋友之贤否，不可不慎也。"即一个人的成功与失败，与其所交朋友是否贤明是分不开的，因此交朋友不能不慎重。曾经，有位外国政要说过："政治家没有私生活可言，一举一动都有政治。"从政治特性来讲，领导干部及家属交朋友必须慎重，谨防"私"字作祟，不因权力交友，更不要将交友和权力挂钩，远离"权力小圈子"。

　　"开始结交我的人，都对我言听计从，因为他们想让我牵线搭桥，让我家老墨给他们办事情，他们给我好处，我家老墨自然要帮他们办事，但是有些事情是他办不了的，那他只能效仿别人，去结交更有权势的人，只能巴结别人，这样才能让自己的人脉更广。"一位落马的官员夫人这样说道。

第八章 树立正确的社交观,纯洁交友守住家庭"廉政圈"

有些干部家属为了达到帮掌权者"升官"的目的,他们会不惜一切代价,巴结比自己官位高的"官内助",甚至将对方官位高低当作交朋友的唯一标准。如果比自己家权力大、官位高,他们便会"低头哈腰"做出一副"奴才"状,他们希望结交更高权力的官员家属,让这些人成为自己的"保护伞""强后盾"。在这些干部家属的眼里,这些人才是自己的朋友,因为这些人能够给自己带来更大的利益。

领导干部掌握着公共权力,正因为如此,他们代表的是国家和人民,领导干部是行使权力的公众人物,他们的交友范围往往影响着权力的运行。而干部家属要当廉内助,就必须考虑到领导干部的清誉,尤其是在结交朋友时,远离"贪友",靠近"廉友"。

某国企原党委书记申某,因受贿罪被相关部门逮捕。经调查,发现申某利用自己的职务之便,结交某文化传媒公司老板尚某,尚某经常宴请申某,因所在单位需要寻找企业文化宣传合作单位,于是尚某看准了这次机会,便力求与申某进行合作。而尚某之所以能认识申某,是因为申某的妻子结交了一位更高领导的太太,尚某便是这位领导太太的表弟。

尚某不仅以个人名义赠送给申某妻子百分之五的公司股份,还以申某过生日为理由,送给他一块价值10万元的手表。之后,尚某顺理成章地成为申某所在单位的合作商。

之后,申某经常与尚某外出打保龄球等,出入各种高档消费场所。通过尚某,申某结识了某工程公司的老板张某,张某逐渐与申某熟识起来,申某通过集团人脉,将集团位于山西的一个总价3000万元的项目给了张某,张某为表示感谢,直接送给申某一套价值200万元的房产。

弘扬好家风，当好廉内助

在申某的犯罪过程中，不难发现，他和妻子结交了心怀鬼胎的商人，最终走上了贪腐的不归途。领导干部要结交朋友，就必须要谨慎，自己既不能以权贵为结交朋友的依据，更不能让权贵之徒以自己为谋财谋利的工具。树立正确的交友观，关乎领导干部家属是否能够坚持清正廉明的家风，更关乎领导干部能否做到"真廉"。

☆ ☆ ☆ ☆ ☆

与申某一样，因结交不法富商而深陷贪腐的还有邢某，他与儿子都是市政工作人员，儿子主管的市政开发，经常会有开发商敲开儿子的办公室大门，希望能够承包市政的工程。而邢某在儿子被捕之后，他也受到牵连，在接受调查时说道："能见到我的商人，身家必须在5000万以上，如果只是一个小小的包工头，那他肯定见不到我的面，连我儿子的面也见不到。如果是大的供货商，那我会请他去我的办公室商谈。"

邢某与其儿子以"身价"为交友依据，这种错误的交友观，最终害了他的一生。

某省林业局原副局长孟某的"落马"和她的丈夫擅长结交"大款"朋友息息相关。她身为省级干部，其丈夫喜欢与有钱的"老板"拉拉扯扯，称兄道弟，每天混在一起。这些"老板"看中的是孟某手中的权，孟某丈夫则看中的是"老板"手中的钱。这些老板们利用孟某丈夫的关系，结识了孟某，利用孟某手中的公权赚了钵满盆满，然后再给孟某送钱送房，让孟某再给自己办大事。而孟某丈夫又非常乐意结交这些有钱人，他心里十分清楚，这些人之所以能赚大钱，都是自己的功劳，自然这些人不会忘了自己。因而，孟某丈夫不说一个字，这些"大款"就能给他送一箱子的钱。

第八章 树立正确的社交观,纯洁交友守住家庭"廉政圈"

"大款"傍"高官","高官"傍"大款",看似表面是朋友,其实就是权钱交易。双方因为钱欲,相互绑定,"高官"贪图"大款"的钱,"大款"利用"高官"的权。而"高官"得了"大款"的贿赂自然就会被对方被牵着鼻子走。这时候,什么党纪国法,"高官"全然不顾,心里只有对钱财的狂热追求,最终只能是滑入罪恶的泥沼。

☆ ☆ ☆ ☆ ☆

领导干部家属要树立淡泊的交友观,不能以权力富贵作为交友的标准,更不能将交朋友当作自己升迁的途径。带有目的的交友往往结交的不是真正的朋友,而是唯利是图之辈。因此,干部家属多交清正廉明的朋友,不交腐败的有权之辈。只有净化了自己的"朋友圈"才能真正成就廉洁之家,才能成为领导干部的"廉内助"。

6. 礼尚往来需谨慎,操作不慎会"失身"

中国自古以来就是礼仪之邦,古人常言"来而不往非礼也""礼多人不怪"等处世理念,在很多人的思想中,礼尚往来成了交友之道,甚至形成了一种"送礼"文化,认为送礼是建立社交关系必不可少的一步。因此,"礼尚往来"便演变成一种严重的人身依附、人情依赖。故而,国外有些学者将中国定位为关系社会,走关系、托人情、送礼物

弘扬好家风，当好廉内助

似乎见怪不怪，这成为一种常见的现象。当人们遇到难事儿、摊上麻烦事儿，第一个想到的便是"找关系"，在很多人眼里，人情关系比法律更管用，比法律更有效。甚至在某些事情上，人们会觉得就应该花钱"托关系"，不花钱甚至还会觉得不踏实，花了钱事情没办成，也会安慰自己说"我已经尽力了"。在这种文化的氛围中，但凡手中有些权力的，能管点事儿的，都可能被人当"关系"来找，要做到清正廉明，成为一名清官，似乎并不容易，时刻都在经受人情的考验。

☆ ☆ ☆ ☆ ☆

王科长爱抽烟，厂子里人们都知道他喜欢抽烟。一次，在同一个国有企业工作的老乡想要调换工作岗位，进入待遇更好的技术部工作，于是，便来探访王科长，他带了名烟，还带了家乡特产。王科长问清楚情况后，特意让自己的爱人买来好菜好酒，请对方吃了个便饭。对方要离开，王科长示意爱人，爱人拿出1000元钱递给这位老乡，并说道："老王是不能收别人东西的，你也知道他熬到这个位置上实属不易。知道你不抽烟，拿回去也不好处理，正好老王抽烟，我就当给他买的，你带的家乡土特产我给你们做一下，明天让老王带到工厂，你们一起吃。"

王科长接过妻子的话，继续说道："你想调到技术部工作，只要你有技术，懂技术，不用我专门调你过去，技术部领导肯定会调你过去。"

老乡看到无法推脱，只好收下了1000元钱。后来他利用业余时间提升自己的技术能力，积极地工作，最终被技术部领导发现，调入技术部工作。

事后，他专门找到王科长，表示说："太谢谢您了，如果

第八章 树立正确的社交观,纯洁交友守住家庭"廉政圈"

当初您直接把我调到技术部,或许我的技术能力太差,会被领导直接开除。"

拒收一次礼可能并非难事,但是拒绝礼品的同时能够做好送礼者的思想工作,这恐怕不是一件容易的事情。交友如此,朋友送礼有事相求,家庭成员要学会拒绝,与此同时,做到让朋友有面子,这也很关键。

常言道,"天下没有免费的午餐"。作为领导干部家属应该清楚地意识到,天下没有白收的礼物,拿别人的礼物,自然要替别人办事,即便当下不能替别人做什么,从长远角度考虑,对方肯定会有需要你帮忙的时候,不然也不会给你送礼。

在东汉时期,有一人叫羊续的人,他出任河南南阳郡太守。到了南阳郡,当地社会风气很差,官员多庸俗、奢侈,办事情送礼、托关系的现象十分严重。羊续对此风气十分不悦,便下定决心扭转这种坏风气。

郡丞送来一条鱼,他不停地夸赞鱼鲜肉美,还强调是自己刚打捞的,并非是花钱买来的,羊续再三谢绝,郡丞仍然不肯收回去,羊续只好将鱼留了下来,但是他并没有将鱼送到厨房,而是将鱼挂到了屋檐下,并对所有人说自己肯定不会吃这条鱼的。没过几天,郡丞又拎来一条更大的鱼。羊续严肃地对郡丞喊道:"你的官位仅次于我,你怎么能起这个头呢?"不待郡丞辩解,羊续将其带到屋檐下,郡丞看到自己上次送的鱼已经焦干。此事被传开,百姓们都夸赞羊续清廉,称他为

弘扬好家风，当好廉内助

"悬鱼太守"，从此之后，当地送礼的风气也有了扭转。

✦─────✦─────✦─────✦─────✦

羊续是一位廉正的官员，古人尚懂"礼之害"，今人更应该懂"拿人钱财，必须替人消灾"的道理。

有的领导干部家属会抱怨："真的很难做，朋友送来点特产，不收觉得太不近人情了，收了又怕违反党纪国法。"这些苦恼想必每个领导干部的家庭都经历过，家庭成员要学会巧妙地拒绝别人的礼物，千万不要因为不好意思拒绝别人的礼物而导致自己"失身"，导致领导干部掉入贪腐的陷阱。

✦─────✦─────✦─────✦

杨某曾是一名地方电视台的副台长，主管的业务很多，日常交往的朋友很广，不仅与一些媒体公司老板有来往，与广告商更是来往密切。

一次，某广告商的老板找到杨某，希望杨某能够给自己的产品插播一段广告，而广告时间段要定在黄金时间段。杨某表示黄金时间段的广告段位已经卖给其他商家。

之后，这位广告商隔三岔五地请杨某吃饭喝酒，两个人逐渐成为朋友，而这位广告商再也没有提过之前的事情。

这天，广告商带了一盒礼物去拜访杨某，他见到杨某，并没有多聊合作的事情，而是开始和杨某闲聊。走的时候，他没有带走礼物。

杨某打开礼物，发现里面是一张50万元支票。杨某打算将这笔款退回去，但是妻子却不愿意，妻子说这件事情不会被外人知晓，广告商和他又是好朋友，所以不会"东窗事发"。

第八章　树立正确的社交观，纯洁交友守住家庭"廉政圈"

事后，杨某想方设法与其他广告商解除合同，最终，这家广告商如愿以偿。

杨某以为这件事情就这样结束了，没想到最终这件事被台里发现，他不仅丢了副台长的位子，也失去了人身自由。

☆ ☆ ☆ ☆ ☆

"礼下于人，将有所求"，领导干部家属要清楚送礼物的人，一定是有所企图，对方看重的不是你这个人，而是掌权者手中的权力。不管送礼者的礼物是什么，都很难遮盖他希望获取更多利益的目的。干部家属一旦认清了这点，便能够辨别友情是否单纯。不交阿谀奉承、送礼添柴之人，只交清正廉明、为人诚恳之人。树立正确的交友观，能够避免掌权者葬身"礼海"，能避免家庭遭受牢狱之灾。

第九章

经营清廉稳定的"大后方",才能成就幸福之家

廉洁能让家庭稳定,更能让家人幸福。相反,贪腐之家总是人心不稳,甚至会因贪欲使家变得支离破碎。贪贿之财不能让家和睦幸福,只会让家变得飘摇不定。故而,要加强忧患意识,不断增强家庭廉洁观念,家庭成员互相督促,构建廉洁幸福之家。

第九章 经营清廉稳定的"大后方",才能成就幸福之家

1. "后方"稳定,"前方"才能安心

中华民族历来重视家庭,家和万事兴等中华民族传统家庭美德,已经铭记在中国人心中,融入了中国人的血脉,是支撑中华民族生生不息的重要精神力量。

家庭之事无小事,家庭不仅对个人成长会产生影响,也会影响社会和谐稳定,对领导干部的廉政建设也有着重要的意义。家庭不仅可以给领导干部提供温暖的生活环境,更是确保领导干部廉政的坚强"后盾"。一个稳定的家庭,能够发挥出巨大的凝聚力,这股凝聚力所产生的力量,足够抵挡腐败之气进家门。

要做领导干部的"廉内助",就要先建设一个稳定和谐的家庭。如果家庭不稳定,家庭成员的关系不融洽,领导干部便极易被外界的诱惑所迷惑,滋生作风问题。家庭和睦稳定,不仅可以让领导干部在工作之余没有后顾之忧,还能给予领导干部足够的支持和温暖,在他们工作累了、倦了的时候,可以回归家庭这个温馨的港湾,重整旗鼓,振作精神,重新返回工作岗位时,又能在岗位上发光发热。

☆ ☆ ☆ ☆ ☆

"在他当官的第一天,我就对他说:'我不图你官做得多大,我只求你做事情对得起咱们小家、对得起国家就行了。一

家人能平平安安地在一起，这就是最大的幸福，这比什么都重要。'"王美玉口中的"他"是当地一名政府官员，她在"家庭反腐倡廉倡议活动"上对身边的人说道。

☆⋯⋯⋯☆⋯⋯⋯☆⋯⋯⋯☆⋯⋯⋯☆

的确，一个家庭最大的幸福不是多么富有，而是一家人能够平安地在一起，领导干部在做任何事情之前，不仅要想到整个家庭，更要想到在自己管辖范围内的所有家庭，自己不能做对不起任何一个家庭的事情，更不能做对不起国家的事情。

家庭作为领导干部廉洁奉公的"大后方"，不仅要稳定，更要让领导干部"省心"，不给领导干部"惹麻烦"，不让领导干部在工作之余分心。因此，家庭成员要维护家庭反腐倡廉"大后方"的地位，在家铸造防腐围墙，抵御腐败之风进家门，让掌权者在"前方"工作得安心、舒心。

孟子有言："天下之本在国，国之本在家，家之本在身。"可见，家庭建设不仅关乎一个家庭是否能够稳定，更关乎一个国家是否能够昌盛稳定。建设好家庭文化，不仅能提升家庭成员的整体素养，更能让家庭充满正能量。在家庭中，如果没有树立廉洁的家庭文化，家庭成员自然不会受到廉洁文化的熏陶，在工作中更不会端正自己的态度，做到廉洁奉公。家庭文化的建设不仅关乎家庭的整体素养，对掌权者能否在"前方"抵挡诱惑、廉洁为政也至关重要。

家庭不仅是人们身体的住处，更是人们心灵的温暖归宿，引导家庭成员自觉维护家庭的稳定，这便是间接督促家庭成员遵守廉洁家风，不被歪风邪气侵蚀的行为。在近些年的腐败案例中，不乏因为家庭"不稳定"，造成掌权者滋生了贪腐之心的现象。

第九章 经营清廉稳定的"大后方",才能成就幸福之家

唐某的脸上少了往日的"神气",坐在牢狱中,贪腐的过程历历在目。

唐某原本是当地的一名小科员,因为自己的踏实、正直一步步升为林业局副局长。随着自己官位越来越高,唐某接触到的人也越来越多。

唐某的妻子是一名很普通的家庭主妇,妻子只有初中文化,是当年奉父母之命才成就的这段姻缘。唐某一直看不上妻子,认为妻子既没有文化,也没有美貌。随着唐某的高升,他对妻子的嫌弃之情也越来越明显。晚上,每次应酬完之后,他回家都会抱怨妻子没文化,整天就知道待在家里看电视。妻子每次都很生气,两个人也经常吵架。

因为唐某应酬多,妻子便抱怨道:"家里的事你一点也不管,一连几天不回家,家就跟旅馆一样。"

听了妻子的抱怨,唐某生气地冲妻子嚷道:"你除了天天看电视、打麻将,你在家是吃闲饭的吗?家里的事你不能管啊,我在外面那么忙,不是为了这个家吗?"

"你天天忙,怎么也没见你往家里拿多少钱啊?还当副局长呢,家里连个像样的车都买不起。"妻子抱怨道。

两个人越说情绪越激动,最终,唐某气急败坏地推门而出。当天唐某没有回家,而是和一个熟识的商人邓某在一起吃饭。两个人聊起了家常,唐某喝了些酒,加上这些年心中的憋闷,说出了自己的苦恼:"她要文化没文化,要身材没身材,真后悔当初那么早结婚。"

酒过三巡,唐某醉倒过去。第二天,唐某一觉醒来,发现

自己身在宾馆，身边竟然躺着一个女孩，唐某认识这个女孩，她是邓某的秘书小齐。唐某惊慌失措，急忙打电话给邓某，邓某在电话里说道："小齐一直很仰慕您。"

这件事情之后，唐某与邓某走得更近了，唐某不回家的次数也越来越多。凭借着这层关系，唐某将政府的一个林业工程交给了邓某，邓某送给了唐某一处房产，他将小齐"养"在这里。

因为唐某经常不回家，妻子开始怀疑唐某对家庭不忠，最终妻子发现了小齐的存在，便去单位大闹了一场，唐某的一切违法乱纪行为才被揭晓。

不难发现家庭的不稳定是造成唐某贪腐的最直接原因，正是因为家庭不和睦，才让唐某掉进了邓某设计的"温柔陷阱"，进而唐某一步步沦陷，成了阶下囚。可想而知，如果家庭生活幸福，唐某少一些对妻子的"不满"，妻子也多体谅唐某的工作，家庭便不会出现矛盾，唐某也就不会中了邓某的"圈套"，唐某更不会做出对不起家庭、对不起国家的事情。由此可见，稳定的家庭是掌权者做到清正廉明最大的后盾，稳定的家庭才能阻挡歪风邪气进家门。

一个家庭拥有怎样的价值观，便能激发出怎样的行为。如果家庭拥有廉洁的价值观，自然家庭成员会在潜移默化中受到影响，不去触碰有损廉洁的事情；如果一个家庭弥漫着贪婪的气息，家庭成员会耳濡目染，做出有损清廉的事情。

2. 家庭助廉非一日之功,需持之以恒

在当今灯红酒绿的社会中,诱惑无处不在,领导干部的家属完全可以发挥自己的特殊优势,用亲情温暖的力量,来帮助身边人抵制诱惑。家庭不仅仅是人生的港湾,更是抵御腐败的一道重要防线。当然,反腐倡廉并非是一朝一夕的事情,是需要领导干部及家属持之以恒去坚持的。

家庭培养一名人才不容易,组织培养一名干部更不容易。无论是组织这个"大家",还是家庭这个"小家",对领导干部廉洁从政、清白为公的期盼都是共同的,"小家"与"大家"要形成合力,确保领导干部做人做事,为政为官,坦坦荡荡、清清白白,只有这样一家人才能幸幸福福、平平安安。

对于每一名领导干部来说,在"八小时以外"的时间里,与家人相处最多,对家人了解最深,对家人顾念也最多。同样,家属对领导干部的关怀最多,了解更多。家庭助廉才有实施的可能,才更有效果。然而,家庭助廉并不是一日之功,是需要家庭成员长久坚持的,一天的清廉不能换来家庭长久的安定,只有长久的清廉才能保证家庭幸福永远。

国无廉则不安,家无廉则不宁。家庭助廉就要求家庭成员能够安于清贫,清清白白做人,踏踏实实做事。不要向掌权者提出过分的要求,

弘扬好家风，当好廉内助

更不要在财务面前心动、手动，面对别人送上门的"白来礼"，更要能够坚决抵制。在近些年的腐败案例中，领导干部的家属替熟人、老友向掌权者"求情"的现象不在少数，这些家庭无法抵挡人情世故，收了别人的礼品或礼金，最终导致领导干部走上腐败的道路，家庭也面临巨大的变故，这可谓得不偿失。

家庭助廉就要求家庭中每个成员都能坚持做人的原则，不去干涉掌权者的工作，不给掌权者找"麻烦"，当有人想要将腐败之风带入家门时，要坚决地抵制，保证家庭清正之风不被玷污。所以说，家属在家庭助廉工作中，作用相当大，而这种作用需要长久地发挥作用，只有这样才能时刻保持家庭稳定。

☆⋯⋯⋯⋯☆⋯⋯⋯⋯☆⋯⋯⋯⋯☆

"老于，你工作忙，要劳逸结合，但是别人如果请你出去吃饭喝酒，你可千万别出去应酬啊，有人送礼给你，你也千万别收，我可不想你出事。"这是张倩（化名）对丈夫的叮嘱，丈夫身为县里环保局的副局长，许多企业主都希望能够与其结交。可是张倩心里很清楚，丈夫能够坐到今天的位置实属不易，她不希望能大富大贵，只希望一家三口能够平平安安生活在一起。

一次，一个企业因为排放污水被勒令停产整顿，并罚款10万元。企业主便想要去拜访张倩一家，这天张倩正在家里做饭，企业主姓赵，赵某便敲开了张倩的家门。

张倩打开门，看到对方手中拎着礼物，便能猜到肯定是找丈夫"帮忙"的，因为近些年这种情况时有发生。

待赵某表明来意之后，张倩说道："我只是个家庭主妇，你们工作上的事情我也不懂，老于也从来不跟我讲，不过老于说了，无论是谁来家里拜访，礼物都必须带走。"

第九章　经营清廉稳定的"大后方",才能成就幸福之家

赵某不肯将礼品带走,张倩说道:"你的企业违规排放污水,让你整顿你就好好整顿,罚款该交就交,你给我们送礼,这只能加深你的罪行,甚至还可以判你一个行贿罪。"

看到张倩的态度,赵某只好将礼物带走了。晚上丈夫回来之后,张倩将这件事情告诉了他,丈夫说道:"真庆幸你有廉洁意识,不然新闻上报道的下一个落马的官员可能就是我了。"

"我又不傻,咱们家现在生活也不错,你事业稳定,孩子学习进步,我可不能犯糊涂,做对不起咱家的事情。"张倩笑着说道,她明白丈夫一日为官,就要坚守为官的"官德",而自己作为领导干部的家属,能做的就是帮助他做一名清廉的干部,不让那些腐败分子有可乘之机。

张倩是一名头脑清晰的领导家属,她很清楚丈夫要想不犯错误,必须要守住底线。而作为官员的家属,她明白自己有责任去督促、监督丈夫,避免丈夫犯错,也避免给家庭招灾。在很多腐败案例中,不乏一些糊涂的"贪内助",他们没有张倩的政治觉悟,不但不积极助廉,反而还助贪,最终害了自己,也害了整个家庭。

某集团原董事长叶某的妻子黄某,在丈夫堕落的过程中,就扮演了"推手"的角色。当时,随着丈夫年龄的增加,距离退休的时间越来越近,黄某便有了"权力过期作废"的错误观念。于是,她觉得只有得到足够多的金钱,才能让她感到满足。

经营海鲜的王某通过黄某的关系,送给叶某价值50万元

的财物，目的是为了让自己的儿子能进入叶某的集团公司工作。之后，王某的儿子顺利进入了集团工作。

张某为了获得叶某的关照，先后4次向黄某行贿，行贿金额高达45万元，黄某都一一笑纳。

✦ ──── ✦ ──── ✦ ──── ✦

在近些年的贪腐案例中，看到一些官员"摔倒"在退休线上，仔细分析其贪腐的过程，发现在其为官的数十年里，原本清正廉明，但是就在即将退休之际，出现了贪腐。在退休之后，贪腐行为暴露，同样被捕入狱，晚节不保。这究竟是为何呢？为何一向清廉清正的官员在即将退休之际，竟然出现贪腐。如果仔细分析其贪腐的原因和过程，往往在其背后有一位"黄某"，即希望抓住权力最后的时刻，为自家谋些私利，认为退休了就安全了，就神不知鬼不觉了，殊不知这种做法能让掌权者几十年的清誉毁于一旦，让稳定的家庭陷入绝境。如果家庭助廉不能长久地坚持下去，一次的"助腐"便能够将家庭毁于一旦。

夫妻本是同林鸟，在腐败面前，如果有一方沦陷，那么势必会给另一方带来灾难。黄某根本没有意识到这一点，她只是抱着无限的贪欲和侥幸心理，在做助贪的事情，这不仅害了叶某，也害了整个家庭。

在一个家庭中，夫妻双方是家庭的主体，具有塑造个性的功能。因为夫妻双方多一些了解，能够及时地发现对方思想、行为的变化。除此之外，在一个家庭中，子女、父母、手足都应该成为"廉内助"，日复一日、年复一年地帮助领导干部抵制各种诱惑，构建和谐、幸福的家庭。

一个健康和谐的家庭不仅能够让家庭成员感受到幸福，更重要的是能够让家庭成员树立正确的人生观、价值观，能够帮助家庭成员形成良好的道德修养，从而增强抵制各种利益诱惑的能力。因此，家庭助廉的过程需要家庭成员学习更多的廉洁知识，与时俱进，提升自己的廉洁意

第九章 经营清廉稳定的"大后方",才能成就幸福之家

识。只有具备了廉洁意识,传承廉洁的家风,才能长久地坚持廉洁持家,才能长久地助廉防腐。

3. 钱财带不来幸福,平安是幸福的基础

在这个世界上,大多数人都没有认识到金钱的本质,所以才会将金钱看得如此之重。但是金钱不是万能的,拥有钱财也并不意味着拥有了幸福。

☆　　　☆　　　☆　　　☆

一个百万富翁带着儿子来到一个农场,他想要让儿子见识一下穷人是如何生活的,他们在农场的穷人家待了一天一夜。

在回家的路上,富翁问儿子:"这次旅行感觉怎么样?"

儿子回答道:"好极了。"

富翁问儿子:"这次你知道穷人是怎样生活了吧?"

"是啊!"儿子回答,"咱们家只有一条小狗,而他们家有三只小狗;我们家有一个特别小的花园,而他们家有一个特别大的农场;我们家的小花园中只有几盏路灯,而他们家拥有天上所有的星星;我们家有一个水池,而他们家有一条小河;我们家的水池里只有几条金鱼,他们家的小河里不但有小鱼,还有小虾和螃蟹;因为您的工作太忙,我们一家三口经常不能在

一起吃饭、玩耍,他们家一家三口一日三餐都能在一起,饭后还能一起做游戏。"

富翁听完儿子的话,感到十分惊讶,儿子紧接着说道:"感谢父亲让我明白了,我们家是多么贫穷。"

这虽然是一个故事,但是这个故事恰好可以告诉我们金钱不是区分贫穷和富有的唯一标准,也不是判断幸福与不幸的标志。既然金钱并不代表着幸福,那么一些贪官为何要无极限地去追求财富呢?

心理学家和精神学家经过研究发现,金钱比幸福来得要容易,世界上似乎没有幸福的精神病患者,但是有很多富有的精神病人。这足以证明金钱不能让那个人真正获得幸福。对于人们来讲,幸福不仅仅是获得物质的享受,而是能够让内心感受到满足与喜悦的感受。纵观贪污案例中的贪官污吏,他们获得不义之财之后,反而失去了自由和平安,这样的结局难道是幸福?

由最高人民检察院影视中心组织创作的电视剧《人民的名义》,一经播出收视率飙升。其中有一位"小官",他是国家部委项目处处长赵德汉,他表现出了一个非常清廉的官员形象,在剧中他吃着炸酱面,骑着自行车上下班,每个月给母亲300元的生活费,过着看似普通的生活,但是在他的另一处豪宅中,却搜出了2.3亿元的现金,从银行运来了12台点钞机,为了点这些钞票,竟然烧坏了6台点钞机。当他"伪清官"的面目被揭穿时,他哭着说道:"我一分钱都没有花……一分钱都不敢动。"

第九章 经营清廉稳定的"大后方",才能成就幸福之家

赵德汉贪了这么多钱,却一分钱也不敢花,每天过得心惊胆战,生怕自己贪污的事情败露了,他所得到的这些钱给他带来的不是幸福,而是内心的不安。心不安,人怎么能平安,不平安何来的幸福?可见,金钱买不来幸福,平平安安才是幸福。

与赵德汉相似的贪腐案例并不少见,某市工业局原局长林某原本有一个温馨的家庭,他工作努力,处处为妻儿着想,妻子也很贤惠,帮他操持着家务。这么幸福的家庭,被林某的贪腐行为彻底毁灭了。

林某的儿子收入微薄,这令他心生不安,于是他便请工作上有求于他的房地产开发商多多关照儿子,因此儿子不费吹灰之力获得了45万元现金。之后,儿子又因工作请求父亲帮忙,林某帮助儿子获得384万元。

结果,林某、林某妻子、林某儿子三人皆因贪污锒铛入狱。原本幸福的家庭不复存在,"我的犯罪,既害了自己,也害了家人,好端端的一个家庭顷刻间便支离破碎,让我最痛心的是我的儿子,他重点大学毕业,原本前途一片光明,却被我害得入狱。"林某后悔地说道。

原本平安幸福的一家人,因为某个人的贪腐,最后让整个家庭变得支离破碎,这能说贪污的金钱可以带来幸福吗?贪官们贪的金钱数额庞大,但是钱财显然没有给他们带来多少幸福,或许只有在监狱中,他们才能想明白这个道理,即幸福就是一家人平平安安地在一起。

有的人会说,没钱更没有幸福可言,我们承认在物质生活中,人们

要生存必须要拥有一定的金钱,但是这些金钱必须是通过自己的劳动,合法得来的,贪污受贿得来的金钱虽然能让物质生活富足,但是换不来富足的精神世界,反而会让精神世界变得庸俗不堪、低俗不堪。

一直以来,很多人都在追求金钱、名利和权势,有些人为了得到它们不择手段,甚至做出背叛人民、背叛党的行为,到最后不但身败名裂,还丢了原本拥有的幸福。作为领导干部要清醒地认识到钱财是身外之物,不能用手中的权力换取不义之财,更不能随便接受别人的"豪礼",要明白平平安安才是幸福,金钱换不来幸福,甚至还会让自己丢掉自由、失去家庭,深陷囹圄。

4. 平平淡淡才是真,清廉治家才稳定

家庭是温暖的爱巢,是助人起程的航船,更是每一位家庭成员心灵的归宿。怎么样的家庭生活才是幸福的呢?大富大贵、位高权重才是幸福?相反,幸福的家庭生活是平平淡淡的,只有平淡的日子才能回味绵长,家庭生活不是坐过山车,不需要太多的刺激和疯狂。家庭生活像极了山间小泉,细长延绵,无声却充满生机。所以,真正聪明的家庭成员,会想尽办法保住家庭的岁月静好,哪怕平淡、哪怕贫穷,也总比那些昧着良心得来的富贵要来得实在、来得真切。

什么样的家风成就什么样的家庭,推崇清白家风的家庭,不会做出

第九章 经营清廉稳定的"大后方",才能成就幸福之家

有损清明之举,而缺失了廉明家风的家庭,势必会染上污秽之气。因此,在治家这个永久不衰的话题上,保持清正廉明是永不过时的。而对于干部之家来讲,更是需要清廉家风来时刻感染家庭中每个成员,这样才能保证家庭永久的幸福。

有河北"第一秘"之称的李某在监狱中发出感叹:"我现在最大的愿望就是能够牵着孩子的手,接送孩子上下学。"这看似平淡无奇的事情,已经是李某无法完成的心愿。因为他一时的贪心,导致自己犯下了不可弥补的错误,给家庭带来了无限的创伤。

清廉治家就需要家庭成员时刻谨记家庭的使命,传承清廉家风,做掌权者的"廉内助",成就廉洁的家庭,成为群众称颂的好家庭。

✧────✧────✧────✧────✧

全国法院优秀微电影《回家吃饭》中有这样一个故事。

主人公郑煜是一名基层法院的法官,随着职务的变迁,他的思想也发生了改变。

这天,李律师来到办公室找到郑煜,要请他吃饭,顺便给他带了两条香烟,这个事情正好被儿子郑焕撞上了。郑焕回到家,妈妈便问郑焕,爸爸是否回家吃饭?郑焕生气地说,爸爸不知道去哪儿吃大餐、抽好烟去了,妈妈不清楚为什么儿子生这么大的气,郑焕说自己看到爸爸收了李叔叔送的好烟。妈妈不相信,说爸爸不是那样的人。

李律师找郑煜自然是有事相求,他带了几个当事人与郑煜一起吃饭,当事人还送给了郑煜一台新的笔记本电脑,这件事情正好被来接爸爸回家的郑焕看到。

回到家中,郑焕对酒气熏天的父亲说,电脑来路不正,还说爸爸已经不是那个让妈妈和他骄傲的人了,父子两个也因此

弘扬好家风，当好廉内助

大吵一架，不欢而散。

郑煜喝了酒，他直接回房间睡觉去了，睡梦中，他梦到自己和李律师在老地方吃饭，检察官找到他，自己站在了被告席上，最后以受贿罪判处有期徒刑15年，并处15万元的罚金，而宣判的审判员正是自己的儿子郑焕。

郑煜被自己的梦惊醒，此时他已经恍然大悟。他立刻打电话给李律师，将电脑和香烟一并退还给了他，李律师很疑惑，郑煜坚定地说："我们到此为止。"

从这次之后，郑煜天天回家陪妻子和孩子吃饭，再也不出去应酬，之后，儿子考上了政法大学，一家人露出了幸福的笑容。

☆┈┈┈☆┈┈┈☆┈┈┈☆┈┈┈☆

电影中，郑煜能够迷途知返，离不开儿子的作用。官员的自律十分重要，但是在自律无法发挥作用的时候，家庭成员的监督就变得尤为重要。而家庭监督的准则就是清廉治家的家风。虽然这只是一个微电影，充满了巧合的场景，但是我们可以看出，在日常治家的过程中，正直的妻子对儿子进行了清廉文化的熏陶。

家庭生活本就是平淡的，但这种平淡的生活往往是幸福和踏实的。即便是领导干部，也是需要在工作之余回归家庭生活，如果没有稳定、踏实的家庭，领导干部也不能做到廉洁工作。同样，家庭成员在生活中要多给领导干部一些善意的提醒，这是家庭成员的义务，也是权利。

☆┈┈┈☆┈┈┈☆┈┈┈☆┈┈┈☆

某省安监局原局长谢某在接受庭审时，流下了悔恨的泪水，他感慨地说道："到现在，我才真正感觉到做普通人，吃家常

第九章 经营清廉稳定的"大后方",才能成就幸福之家

饭,自由平安才是福。"的确,只有自由的生活和家庭的平安才是真正的幸福。钱财再多,面子上再如何风光,都抵不过平平淡淡、真真切切的生活让你感到幸福。

☆────☆────☆────☆────☆

如果谢某早一些明白这个道理,或许他就不会因为贪腐而落入牢狱,受到人身的限制,最终牵连家人,家庭变得支离破碎。换个角度来看,对于昔日的风光无限、耀武扬威的贪官来讲,他们眼里只有权力和金钱,浮躁的内心已经忘记了平淡是真的道理。"做个普通人,吃个家常饭"这样的生活看似简单、朴素,但是这样的生活也最踏实和舒服。

一个家庭想要稳定,就要严以治家。对于一些原则性的问题,是不允许家庭中任何一个人去触犯的。只有严以治家,家庭廉洁,才不会毁了领导干部的一生,也才能保证家庭成员的生活更稳定。

☆────☆────☆────☆────☆

某市高级人民法院原院长吴某因贪腐被判死缓,在他的犯罪事实中,发现不仅仅是他一个人在贪腐,其全家违法所得共607万元,全家人都在"帮腐"。这样毫无廉洁观念的"官宦之家",怎么可能意识到平平淡淡的真幸福,奢侈贪靡是假幸福?这也就从反面证明了家庭、家人在廉洁工作中的意义重大。

☆────☆────☆────☆────☆

廉洁是每位领导干部必须面对的关口,而掌权者能否过好这一关,不仅取决于自己的道德意识和自身修养,也取决于他所处的家庭环境,每位领导干部的家属都应该严格要求自己,做到清风传家、清廉治家,为领导干部创造公正廉洁的家庭环境。

弘扬好家风,当好廉内助

5. 只有廉洁之家,才能幸福永远

幸福是一个人自我价值得到满足后产生的喜悦心情,人们希望这种心情能够永远保持。世人都希望得到幸福,无论是"大官"还是百姓,都希望能过上幸福的生活。同样,家庭幸福无疑是人生最大的期望。没有家庭幸福,普通人会感觉人生没有了奋斗的意义和动力,而对于领导干部来讲,很可能成为滋生贪腐思想的根源。

追求幸福似乎是人类永远不变的主题,可是,家庭幸福究竟从何而来,怎么追求,才能获得真正的幸福呢?

某市公安局原局长邵某,因犯受贿罪判处有期徒刑9年。某法治记者在对其进行采访时,他也说了自己对幸福的理解。

记者:现在你理解的幸福是什么?

邵某:撇开自由不讲,如果现在能在外头,那肯定是尽自己的努力去做好每一件事情。然后和家人、朋友生活在一起。其实,幸福很简单,也很普通,现在想想,以前对名利、金钱的追求,其实是很肤浅的。

记者:就像你自己说的,一直在追求幸福,但是道路却南辕北辙。

第九章　经营清廉稳定的"大后方",才能成就幸福之家

邵某：对。如果思想上、认识上发生了偏差,有些事情看起来你是向那个地方靠近了,其实是越走越远了。

✧　　✧　　✧　　✧　　✧

或许只有在牢笼中,贪官们才能明白什么是真正的幸福。如果他们能够早一些认识到简单的生活就是幸福,与家人生活在一起就是幸福,他们也许就不会选择走上贪腐的道路,也就不会失去自由,更不会牵连家人,让家人蒙羞。

官员要成为一名清官,离不开家庭的支持,只有家庭廉洁,官员才能做到真正的清廉。否则,家人助贪,官员迟早会被拖下水,掉进腐败的深渊。因此,打造廉洁之家是十分必要的,也是十分重要的。

要建设廉洁之家,就需要让家庭成员了解廉洁的意义。不管是对生活还是对工作,廉洁都有至关重要的作用。对个人而言,具备廉洁的品质并感染身边人,身边人也会变得清正廉明。对整个家庭来讲,廉洁是一个家庭稳定的保障。如果一个家庭没有廉洁家风做传承,必然会让家庭四分五裂。

要建设廉洁之家,需要家庭成员多学习廉洁知识,加深自我廉洁意识,懂得国家的法纪与法规,了解国家最新的方针政策,让家庭中的每个成员都了解贪腐之害,发自内心的以廉为荣,以贪为耻。

要建立廉洁之家,需要传承廉洁的家风。家风清廉,雨润万物；家风一破,污秽尽来。廉洁的家风既是砥砺品行的"磨刀石",更是抵挡贪腐的"防火墙",这不禁让我们想到了像孔繁森、焦裕禄、柴生芳这样廉洁奉公的人民公仆。因此,在家庭生活中,要树立廉洁的家风,抵制腐败之风进家门,这样才能让家庭更加幸福,更加稳定。

弘扬好家风，当好廉内助

西汉时，任太史令的司马迁备受官员推崇，就连朝中最得势的将军李广利都想要拉拢他，李广利派人给司马迁送了一对珍贵的玉璧。司马迁的女儿看到这对玉璧之后，心生怜爱，司马迁却深情地去开导女儿："玉璧贵在无瑕，人也是如此，如果我收下这块玉璧，心灵上就有了污垢，不仅如此，我还会受制于人，任由别人摆布。"听了父亲的话，女儿便命人将这玉璧退还了回去。

司马迁作为朝中官员，他明白"拿人手短"的道理，并且将这个道理告知女儿，让女儿也学会廉洁处事，不让心灵出现污垢，如果贪拿了李广利的玉璧，自己以后的生活也不会幸福。不得不说，这样的廉洁之家才能成就出司马迁这样著名的史学家。古人尚且知道这个道理，那么今人更应该明白廉洁对于家庭幸福的重要性。

"老冯明天就要退休了，我们是不是要给他开一个欢送仪式？"小张口中的"老冯"是局里的副局长，所有同事都亲切地喊他"老冯"。

"那肯定的，这些年老冯住的还是那个旧房子，从来没看到他开车上一次班，也没见他收过别人一次礼物。"小王接过小张的话说道。

"不过老冯很知足，他每天勤勤恳恳地工作，回家之后就是照顾老母亲，听说他的母亲已经90多岁了。"小张说道。

第二天，小张组织局里所有的人给老冯开了一个欢送仪式，

第九章　经营清廉稳定的"大后方",才能成就幸福之家

在欢送会上,老冯笑着说:"当了这么多年的'官',我最幸福的事情就是上班的时候能看到大家勤恳的身影,下班回家能和家人一起吃个饭。现在要退休了,我送给大家一句话'别做违法乱纪的事,记住幸福就是平平淡淡地过日子'。"

☆┈┈┈☆┈┈┈☆┈┈┈☆┈┈┈☆

在场的所有同事都明白老冯的意思,因为老冯在工作中,经常说"吃别人家的山珍海味不如吃自己家的饭,喝别人送的茅台不如喝自己买的二锅头",老冯很清楚什么样的生活才是真幸福,在工作中怎样做才能不让自己后悔。

人一生最大的幸福是金钱,是大富大贵?一位被判刑的贪官说道:"我以前认为只有权力和金钱能带给我幸福感,于是只要别人给我送钱我就收,我用收到的钱去拉关系,希望自己能获得更高的官位。现在回想,当时我根本不觉得幸福,反而担惊受怕,每天晚上都失眠。现在虽然失去了自由,但是我心里踏实了,每天晚上睡得很早,自己反倒轻松了。"

可见,金钱的多少和权力的大小和幸福无关。幸福不是金钱的多少,不是大富大贵的满足,更不是位高权重的威风,而是坚守清廉的家风,当好领导干部的"廉内助",一家人平安和睦,儿孙绕膝,老少亲睦,夫妻和美,亲朋互往,这才是真正的幸福。